从店员到旺店女王

姚慧莲 著

中国财富出版社

图书在版编目（CIP）数据

从店员到旺店女王／姚慧莲著．—北京：中国财富出版社，2014.1
ISBN 978－7－5047－4919－2

Ⅰ.①从…　Ⅱ.①姚…　Ⅲ.①零售商店—商业经营　Ⅳ.①F713.32

中国版本图书馆 CIP 数据核字（2013）第 229737 号

策划编辑　刘天一　　**责任印制**　何崇杭
责任编辑　杨银旗　张　娟　　**责任校对**　杨小静

出版发行　中国财富出版社
社　　址　北京市丰台区南四环西路 188 号 5 区 20 楼　　**邮政编码**　100070
电　　话　010－52227568（发行部）　　010－52227588 转 307（总编室）
　　　　　010－68589540（读者服务部）　　010－52227588 转 305（质检部）
网　　址　http://www.cfpress.com.cn
经　　销　新华书店
印　　刷　北京京都六环印刷厂
书　　号　ISBN 978－7－5047－4919－2/F·2040
开　　本　710mm×1000mm　1/16　　版　　次　2014 年 1 月第 1 版
印　　张　12　　印　　次　2014 年 1 月第 1 次印刷
字　　数　145 千字　　定　　价　32.00 元

前　言

十几年的培训生涯，培训过的学员过万，辅导的企业过百家，培训期间与企业中高级管理人员沟通时，常会听到他们抱怨：现在的员工尤其是终端一线的伙伴们管理还真是一个难事。她们经常易患情绪化毛病，心情好时，工作业绩顶呱呱堪称表率；心情不好时，业绩一落千丈，如同过山车，更有甚者，一旦做得不开心就马上闹辞职，一走了之。没有想过固定在哪家企业做多长时间，成长到什么程度，要晋升到什么职位。在选择进公司时也根本没考虑这个行业发展前景和公司发展平台以及对自己的成长和发展是否有帮助。只是考虑工作环境舒不舒服，工作压力大不大，钱来得快不快。工作环境稍差一点、工作压力稍大一点的公司就根本不想考虑，更不会考虑与公司一起发展和成长；上司分享了经验和技能，下属却根本不把它当回事儿，结果上司怎么培养，怎么苦口婆心地教，也扶不起来，因为她们不想学习；公司在执行制度时，指令下去根本不理解，甚至不理智地抵抗；经常违反公司的纪律，公司要进行问责，却遭到强烈的抵抗，让公司的相关管理制度执行不下去；有些店员对未来没有什么想法，只求安逸，做一天和尚撞一天钟的现象大有人在。

对于85后到90后这个阶段女孩的特点，我深表理解，理解中高层管理人员的难处，理解可爱的85后到90后人的特征。我虽现在从事着培训工作，辅导着各行各业的终端经营管理工作，经常和公司中高层人员沟通，在做这些工作之前也是从店铺一线的店员成长过来的，所以对双方的体会深表理解。对于85后到90后可爱的终端一线伙伴来说。她们年轻，处于懵懂期，没有树立起正确的价值观和信念，生活与工作方向迷茫。不知道自己真正要什么，或去哪里。经验不足，更不能理解管理中的各种游戏规则和行为准则。但这一代人信息流通快，学习能力和适应能力强，聪慧并充满激情，在这个过程如果有人能让她们树立正确的价值观，就不会再对规则进行消极抵抗；让她们有了清晰的人生规划，就会变被动为主动；解决了她们内心的困惑，她们的潜能就会被激发出来，创造美好的佳绩将成为可能；帮助她们建立起学习的榜样，她们就不再没有方向。

本书将会通过前人在终端店铺工作的实际案例总结出来的经验和智慧，通过简明易懂的文字，将经验告诉我们奋斗在终端店铺的姐妹们，希望她们能学到并运用这些知识，找到自我潜能的财富钥匙，发现自己生命的选择与人生的终极目标的所有原因及结果，不只是运用理智而是真正的拥有生命的激情，从而感受到对未来充满信心，对自己所在的公司充满信仰和感恩。在做各种抉择时，将会更快、更准！冲破更多自我设限，去迎接事业更高点的成功，至此自动、自发的行为和正面、积极的思想开始产生，好的结果将持续产生，让她们的价值感和成就感倍增，带领企业狂飙突进。

作　者

2013年9月

目录
Contents

上篇　解读旺店女王的精气神

上 篇

解读旺店女王的精气神

第一章
不卖产品卖激情：卓越的激情是旺铺的开始

让激情感染你的顾客

专家点睛

激情是一种基本的工作态度，更是一种积极的人生态度。没有激情的人生是灰暗的，没有激情的工作将暗无前途。在门店终端中激情决定你的业绩以及门店的“钱”途。

在门店终端行业中的都会说一句话，“工作中投入的激情，决定今天的业绩”。可以看出我们终端人员每天在门店工作时的情绪是否高昂有多重要。激情高昂，就会有好的工作绩效。所以如果我们希望每天的业绩好，生活顺畅，能向着美好的方向前进，那我们就应该往美好的方向集中能量，时刻散发出不可阻挡的激情。不要去想那些消极的事情，在脑海里只留下快乐，积极的事情。

从门店终端行业来讲，对待工作的激情不是心血来潮、兴之所至，而是一种觉悟、追求和境界。能不能充满激情地做好工作，是检验我们业绩达标的决心强不强。优秀的门店终端人员越是在困难面前，越能表现出冲天的干劲，越是在挑战面前，越能表现出无畏的斗志。激情从何而来？激情是经过长期历练遇到应急状态的集中迸发。在现实的门店终端中，我们应该如何保持持久的激情呢？下面我们来看看门店实践中的激情案例。

在一个小县城人均收入不到500元，店铺面积不到40平方米，产品平均单价不超过300元，一个月的营业额可以做到25万元。她们是怎么做的呢？可取之处有很多很多，但最根本的原因是这个店铺里的每个人每天都是那么激情高昂，从早上8：00开始一直到晚上10：00关门，时刻看到她们店铺都是一片热火朝天的情景。门店销售人员迎宾的音乐、介绍产品的声音、促成单的声音、买单时唱收唱付的声音、激情音乐声音……没有一个人在垂头丧气，也没有一个人怠慢顾客。

总之，每个门店终端人员包括店长在内一天到晚都不会有时间停下来休息，甚至吃饭都是兴高采烈的快刀斩乱麻地搞定，到晚上开晚会时，大部分人的嗓音都带嘶哑声。公司文化部的人去采访她们时，问："你们累吗？"她们会异口同声笑着说："累，如果说不累那是假的，但心情非常愉快，觉得再累也是值得的，因为帮到了更多女性扮靓。尤其是看到顾客投来欣赏和羡慕的眼神时，心里是无比的高兴，什么疲劳辛苦都没了，呵呵！"

有人可能会觉得这样的回答是客套话，但在她们这里绝对是发自内心的，因为她们做到了。再问："你们怎么能保持每天都能这样呢？"她们说："第一，我们每个人都有达到目标的强烈企图。第二，一日之计在于晨，我们从早上进入店铺那一刻开始每个人就通过一些动作把自己的情绪调到了最高昂状态，如面对镜子对自己说你是最棒的！你是最优秀的！你今天非常漂亮！第三，在开早会前团队里每个成员会相互激励，相互赞美，相互肯定。第四，店长在早会上用具体的销售业绩来激起我们每个人达标的决心。第五，在白天营业过程中，我们每个人都有制造旺场、维持旺场、控制旺场的意识和配合技巧。”

不可否认，门店终端激情决定你的工作质量。激情是工作的灵魂，工作和生活中没有激情就好比身体失去了灵魂，什么事情也不可能真正做好。激情是奋斗的动力，带着激情去工作，就会自我加压，激发干劲，产生韧劲，获取动力。激情是创新的源泉，满怀激情，就能激发潜在的创新灵感，迸发创新的火花和冲动，产生创新的思路和举措。激情是困难的克星，带着激情，遇到困难和问题，就会不怕难、不觉难，充满自信，想方设法攻坚克难。相反，缺乏激情，就会缺乏敢想敢闯的精神，缺乏自定目标任务、自加压力的积极性、主动性，缺乏在工作方式方法和具体落实上的创造性，工作就会习惯于按部就班、安于现状，就会缺乏高标准、高质量。长此以往，就会使人生的追求和理想化为泡影。激情的重要性不言而喻：对个人，激情是成功的基石；对工作，激情是工作的灵魂；对团队，激情是团队前进的融化剂和助推剂；对企业，激情是企业的活力之源。

在案例中我们看到激情是让个人发挥潜能，是团队前进的催化剂和助推剂，激情生生不息，互相感染。她们人人都拿出自己的激情，投入到工作中去，有谁会去指责抱怨呢？又有什么困难能阻碍她们呢？身为团队中的一员，也会获得莫大的荣誉和尊严。所以，一个充满激情的人是我们可以依靠的力量和榜样。在激情的相互感染下，消极的人可以发现自身的不足，迷惘的人可以重新找到方向。

不是成功的人有激情，而是有激情的人更容易获得成功。激情是一种基本的工作态度，更是一种积极的人生态度。没有激情的人生是灰暗的，没有激情的工作将暗无前途。

销售工作就是快乐体验

专家点睛

在门店终端中，以快乐的状态与心态去工作，就一定能做到对每一件事情的最佳成果。只要投入在工作的乐趣之中，就能把握更好的成功切入点从而取得非一般的业绩。

让销售成为快乐，不管销售工作多么困难和枯燥，我们终端人都得找到快活的方式和心态。作为销售人，无论在工作过程中，其事情是多么的乏味与糟糕，我们都要凡事皆往好处想，要让营销成为我们的快乐。如果我们改变不了周遭的环境，我们就要学会适应环境；如果我们不能够改变一件事情，我们就要学会改变对这件事情的态度。在市场营销环境中，变才是唯一的不变，善变者才会更加快乐。

天堂和地狱其实都由自己创造。在门店营销终端工作中，天堂和地狱其实就在自己心中。假如你不喜欢冬天，你可以想象冬天过后，那就是春天；假如你不喜欢黑夜，你就可以想象黑夜过后就是黎明。天堂和地狱其实只有一步之遥。无论营销工作中再苦恼的事，想开了，其实它就是天堂，而想不开，它就变成了地狱。天堂与地狱，就在自己内心，取决于你想要哪一种。

销售是一门既有趣又充满挑战的工作，它可以改变一个人的性格，体现一个人的素养。销售这项工作不是尝试尝试就可以做好的，是需要坚强的意志力和良好的心态去接受和挑战的。现在不管是做什么都是要经过销售去达到最终的目标，每次用心销售出去了产品，自己都会由衷的开心，因为你会觉得是帮助了顾客，并不是单纯地为了业绩或是提成。只有经过长时间的努力和别人的帮助才能取得效果。没有人不适合做销售，只要用心去做，找到自己的方法，就会在销售中体会到快乐。

销售工作充满着不稳定性，而我们在日常的工作生活中，就要学会丰富自我，调剂自我，学会销售生活。作为门店终端营销者，就要善于把销售生活化，生活销售化，通过把营销与生活有机结合。从而在销售中找到生活的乐趣，在生活中找到销售的快感，让自己对销售时刻充满着憧憬与期待，从而体验销售带给自己的最大快乐。下面我们看看一线门店终端销售者是怎么让自己的单调的终端销售工作变成一种快乐的体验吧。

清明时节雨纷纷，又是一个下雨的天气，整个下午店里没有一个客人，店员们很无聊，个个都懒洋洋的，似乎快要睡着了。这时候，店员圆圆的一句话提起了大家的精神头。圆圆说：“我们天天都在这里卖衣服，但是我们似乎从来都没有研究服装该如何搭配更好看，会更加吸引消费者的眼球哦！我们是不是该自己亲身体验一下啊！我觉得我们应该把每一件新品根据不同的风格，各自都试穿一下，也为此衣服做‘代言’了，这样顾客看到我们穿的好看，当然会愿意购买了。”“是啊，这个想法很不错哦，我赞成，不如我们现在就开始试试服装如何搭配更好看吧！”大家你试试这件，我试试那件，顿时变得很热闹。偶尔从店前路过的人不时地会朝店里看看，有的路人看见店内很热闹于是进店看看。时间在这时候似乎变得更快了。没等她们体验完，已经到了下班的时间了。

其实，对于很多终端销售人员来讲，在工作之余应该学会自我寻找快乐。作为终端销售人员，我们应该清楚这样一点：任何一个店铺卖的不是商品，而是店铺的氛围。试想一下：为什么有一些店铺，它们的衣服不比别家店铺更时尚，也不比别家店铺更优惠，但是往往这些店铺商品的销量却是领先的。原因很简单，因为这些店铺有很好的氛围，拥有十足的人气。因此，只有店铺氛围好、热闹，生意才能更加兴隆。

有家做鞋子的公司，派了两位推销员到非洲去做市场调查，看看当地的居民有没有这方面的需求。不久，这两个推销员都将报告呈给总公司。其中一个说：“不行啊，那里根本没有市场，因为那里的人根本不穿鞋子。”而另一位则说：“太棒啦，这里的市场大得很，因为居民多半还没有鞋子穿，只要我们能够刺激他们想要的需求，那么发展的潜力真是无可限量！”同样一个事实，但有完全不同的见解。这实际上讲的都是心理学上有一种“漏掉的瓦片效应”，一栋房子顶上铺满了密密麻麻的瓦片，但有的人在看房顶时，不是看铺得很好很整齐的瓦片而是专看那一块铺漏了的瓦片。自然这种凡事专挑自己的缺点，总是爱自己为难自己的人是不会快乐的。

宾夕法尼亚大学的心理学家马丁·E. P. 塞利格曼与同事舒尔曼在一项重要研究中调查了大都市人寿保险公司的推销员，发现乐观主义者能多销售20%。公司受到了触动，便雇用了100名虽未通过标准化企业测试，但态度乐观一项得分很高的人。这些本来可能根本不会被雇用的人售出的保险额高出推销员的平均额10%。

以快乐的状态和心态去工作，就一定能做到对每一件事情的最佳成果。只要投入在工作的乐趣之中，就能把握更好的成功切入点。

别对你的工作抱怨不止

专家点睛

优秀的人，绝不抱怨！停止抱怨，行动起来吧，只要我们努力工作，就一定可以改变现状。危机，不过是检验我们的一场考试而已！不要抱怨，请努力工作吧，勤奋的人，一定可以创造美好的未来！

“哎呀，真惨啊，大家看天气预报了吗？预报今天的气温接近40度哦，你们说这天气不中暑才怪呢，还哪里会有人来店里购物啊？这么热的天气谁还有心情在这里卖东西啊！”店员不停地抱怨着。此时，大家也都开始七嘴八舌地聊了起来。这时候，店员们看到督导小美正往店里走来，店员们看到督导来了，便把说话的声音压到了最低。小美一进店里，发现店里没有一个客人，只见自己的店员在窃窃私语。小美没有直接批评她们在工作时间闲聊，而是去看了一下最近的报表，结果发现店内近来业绩非常不好。于是她就仔细听店员们都在抱怨些什么，原来大家都在抱怨天气太热。小美是一位很有经验的督导，因此，遇到这种情况，她觉得很正常。她没有批评这些店员，而是去外面给店员们一人买了一瓶绿茶，并对大家说："近来天气真是太热了，大家辛苦了，喝瓶绿茶降降温、解解暑。"趁着店里没人，小美又带领大家一起说笑话，逗得店员们哈哈大笑。后来小美就问大家，大家现在心情是不是好多了？与刚才的心情相比哪个更好？店员们都笑着说："当然是现在的心情好啦!"在闲聊中，小美还告诫大家不要抱怨，抱怨的工作心态会像病毒一样蔓延，不但影响自己，影响店员，更会影响到其他顾客。

确实，抱怨绝不是解决问题的有效途径，相反地却可能成为门店工作者的拦路虎。在终端销售中要及时消灭不良情绪。上面终端督导员小美是一个调节情绪的人。在门店销售中抱怨通常都是由于业绩不好引起的，因此店员抱怨无非是以下几个方面：抱怨产品不好（货物不全、款式不新颖等）、抱怨天气不好（高温天气、阴雨天气、大风天气等）、抱怨公司知名度不高（公司不注重宣传推广、不打广告等）、抱怨客户没有消费能力（客户买不起）等。其实，在日常生活中，这样的抱怨我们随处可以听到，但这些导购好像从来都没有抱怨自己的：我为什么总是这么多抱怨呢？

经常抱怨的人会变得消极，不思进取。抱怨，还会让人陷入可悲的恶性循环：越是觉得自己"不幸"，越是觉得环境"不公平"，就真的会对一切都无能为力，让更多的"糟糕"和"麻烦"找上门来。很多抱怨其实不仅没必要，而且很愚蠢，甚至越抱怨越糟糕。下面我们看看门店管理小迪的一段话吧。

终端销售管理小迪一大早就召开了店铺会议，她在会议上说："就算是我们店的店员长得很漂亮，工作能力很强，也很擅长应对交易进退，但是如果她常常在抱怨的话，我们该怎么看待呢？当我早上刚进店铺门，连外套都还没来得及脱下，小西就开始抱怨谁谁谁又来迟了多长时间，不然就是谁谁谁的东西应该放在哪里等这些牢骚的话。”

小迪又接着说：“我之所以当时没有叫她闭上嘴巴，是因为当时我看来她似乎是处于一片好意，我也觉得店员们应该对这些小事务多用点心。但是小西一抱怨起来可不容易停止，小西告诉我这些事情是因为她觉得我该了解情况。现在，每次我都只好很客气地假装我很认真在听她的无意义的抱怨。”

“昨天晚上我回家，我就一直在想，我已经无法再忍受她自以为是、到处吹毛求疵、爱挑剔的毛病了，假如她还一直这样的话，总有一天会带给店铺不好的影响。”

“就各方面而言，小西的确是我得力的助手。她让我做起事来比较有条理、有组织，也帮了我很多忙。但是，就是因为她内心的琐碎，在一些小事上面总是抱怨不止的习惯，总是带给店铺一种不和谐的气氛，这样下去店铺的各个方面一定会受到很大的影响，为了长远打算，我只好将小西劝回家了。”

因此，不要抱怨自己的专业不好、工作环境差、工资微薄，不要抱怨自己空怀一身绝技而不受人赏识。现实有太多的不如意，就算生活给你的是垃圾，你也可以改变自己的生活态度，用大脑分析那些垃圾的用处，你同样能把垃圾踩在脚下，登上世界之巅。

人们总是抱怨自己的工作，眼睛老盯着别人干着轻松、高薪、体面的工作。而自己总是像蜜蜂一样辛苦，拿的薪水少得像别人盘中掉下的面包渣。迟到了，抱怨时钟走得太快；工作太累了，抱怨老板；生活困难了，抱怨没有一个好老爸、没嫁个好老公。

一些人总在抱怨，似乎老天爷就是对他不公，似乎他就是这个世界上最倒霉的人。可是抱怨能够解决问题吗？抱怨能够帮助你改变现状吗？抱怨能够使你的工作、生活越来越好吗？什么都不可能。与其如此，还不如让自己暂时抛弃那些让自己烦心的事情，多想想自己怎么更快更好地解决问题。这不是比在那儿抱怨要强上百倍千倍？

其实，不管是门店工作还是别的工作中，与其抱怨，不如改变心态，努力工作。要想改变自己的命运，首先就是要停止抱怨。只有不抱怨的人，才是最快乐的人，只有不抱怨的世界，才是令人向往的世界。

持续的抱怨会使人在思想上产生动摇，进而产生敷衍了事的心理，使自己的职业发展道路越走越窄，甚至被迫离开。根据当前一些企业的生存状况，对于职场人士而言，不能看一时，而要从长计议。

抱怨只能赢得一些宽慰之词，使不满得到暂时缓解。但是，持续的抱怨会使人在思想上产生动摇，进而产生敷衍了事的心理，使自己的职业发展道路越走越窄，甚至被迫离开。

对于门店终端人员而言，不能看一时，而要从长计议。在对待薪酬的态度上，一些有远见的人，如一些高层管理人员，他们倾向于选择稳定，因为他们更关注店铺长远发展带来的收益，如在接下来的 3 年里，股份或者远期分红、期权是否有反弹潜力。

而对于有晋升潜力的终端人员而言，最好不要盲目跳槽。因为一个理性的店铺，在发展的过程中有新的岗位产生时，多半不会派空降兵，往往会优先考虑内部选拔。频繁跳槽，不仅新的东家会担心你的稳定性，不会录用你，也会影响你的“钱”程和前程。

优秀的人，绝不抱怨！停止抱怨，行动起来吧，只要我们努力工作，就一定可以改变现状。危机，不过是检验我们的一场考试而已！不要抱怨，请努力工作吧，勤奋的人，一定可以创造美好的未来！

把顾客当做上帝

专家点睛

真心诚意地把顾客奉为上帝，为顾客提供最优质的产品和服务，满足顾客的心理和精神需求。同时，我们还要形成自己的企业文化，保持自己产品的特色。

一位女顾客在一家皮包店内看了大半天，终于相中一款手拎包，经过一轮讨价还价之后以六折成交。正当这位女顾客想要出去的时候，天突然下起了大雨，因为没带雨伞，这位顾客只能暂时停留在店内。但是，此时这位顾客似乎显得十分不安，在门口踱来踱去。细心的店员看见女顾客很着急，就上前去询问原因。原来是这位女顾客要去幼儿园接自己孩子，但是赶上下雨很着急。听到这里，这位店员让其他店员暂时先看店，她则拿着自己的雨伞把女顾客送到幼儿园，又把她和她的孩子送回家。等到这位店员回到店里的时候，浑身已经湿透了。从那之后，这位女顾客不但以后经常光顾这家店，她还拉她的朋友一起过来。

在赢顾客赢天下的终端销售中，你把顾客当成上帝你就会赢得顾客的心，上面就是一个很好的案例。在门店工作中，把顾客当做上帝，不但要体现在内心里，更要付诸于行动中。用实际行动为你的客户服务，这样你的客户慢慢地也就发生了变化，他们变成了上帝，而你们则变成了他们心中的皇帝，这样，成交的机会就会离你越来越近了。

“顾客就是上帝”在美国有着很好地体现，这倒不是什么人的本性，而是生存竞争使然。没有好的服务就不会有客人，没有客人商场和工厂就没有办法生存，特别是在美国这个竞争非常激烈的国家。所以，各个商家无不使出各种手段来拉拢客人。

在美国的各个连锁商店，只要你买了物品，不管是多少钱，在60天内都可以退换。所以，有些聪明的旅游者来美国后，租一个房间，然后就到商场大肆采购。什么电视，音响，家具，厨房用品，电冰箱，电脑等。用过一个多月，假期也过完了，雇一辆货车再将买的东西全部退回商店。这商店也二话没有全部接收，全款退还给你，只当你白用了一个多月。有的商场也许会问你为什么，你只要告诉他“我不喜欢”就可以。但大多数商店并不会问你任何原因。

不但美国这样，香港的各大商场及连锁店同样具有“把顾客当做上帝”的服务精神和理念。香港一些大品牌的店铺，店员的服务态度都非常好。例如名牌鞋店，它们的导购都是单膝跪在地上为顾客系鞋带，试想一下，当男同志们遇到这种情形：一个漂亮的女导购单膝跪地为自己系鞋带，你会好意思不购买吗？众所周知，男同志不喜欢逛街，他们认准某一商店一般都会长期到这家购买。因此，在香港，一般大店铺的男士服装导购，她们都会清楚地了解来这里购买商品的每一位男顾客的身高、体重、腰围、姓名、联系方式等信息。当有新款产品上市，她们会第一时间发短信通知，目的是为了这些男顾客再来光顾这家店铺。

作为一种终端营销理念，“顾客就是上帝”则应追溯到19世纪中后期的马歇尔·菲尔德百货公司。一般认为，这家公司的创始人马歇尔·菲尔德和他当时的手下，后来创建了英国塞尔弗里奇百货的哈里·戈登·塞尔弗里奇一同提出了“顾客总是对的”（The customer is always right）这一影响深远的营销理念。同时，马歇尔·菲尔德百货公司还将零售业当时所奉行的顾客自慎（caveat emptor），即商品一旦出售概不负责的原则，改为无条件退货。并在商店设置凳子等便民设施，让那些在购货时犹豫不决的顾客坐一坐，并建立了休息区，供过于疲劳或者兴奋的顾客稍事休息以便有精力继续采购。

“顾客总是对的”体现的是把顾客置于工作中心的服务思路。在19世纪那个现代服务业还不甚发达的时代，这种营销手段自然大获成功，甚至被服务业所接纳成为一种新的准则。后来塞尔弗里奇在英国创办百货公司，就是继承了这种理念并再次获得成功。

顾客是产品销售的市场，是企业赖以生存和发展的“衣食父母”。汉语词典上说：“顾客是到商店或服务行业来买东西的人或服务对象。”企业必须仔细地了解它的顾客市场，这样，可具体深入地了解不同市场的特点，更好地贯彻以顾客为中心的经营思想。

用行动代替负面情绪

专家点睛

负面的情绪就像毒药一样可能毁了一个员工的工作甚至生活。在门店工作中我们要及时剔除不良的情绪，用行动代替负面的情绪，这样才能创造出实际的业绩。

负面情绪产生的根本原因是思维模式，固有的、消极的思考定式。比如：我的一个朋友和我说，他非常不喜欢穿尖头皮鞋的男人，感觉他们奸诈。不论是客户、上级，只要是这样的男人，他马上就有一种厌恶的情绪。原因就是一次一个这样的人曾经把他骗了，印象相当的不好。我说，如果所有的男人都穿这样的皮鞋你要怎么办？其实，大家都很清楚，男人好不好和穿什么样子的鞋没什么直接关系的。还有，你可能看见某个家伙就没有好心情，这个人说什么都不对、做什么都不对。

很多人说负面情绪的产生是因为压力大，其实压力只是表象。为什么有些人可以顶住压力而把事情处理得井井有条，最后把活干得非常的漂亮，获得晋升嘉奖；而有些人在压力面前则深陷其中，不但自己情绪暴躁，还将这种压力和暴躁传递给同事、家人，结果鸡飞狗跳墙，或者四面楚歌。同样的事，不同的人，当事人的心态和情绪不同，结果也不同。

因为人在压力面前，会产生担心和焦虑，比如担心遭遇不公平待遇（昨天晚上加班干到两点的报告，自信的希望获得老板的表扬，结果老板说这个不行）；担心别人不理解，得不到别人的认可；认为自己不行、不胜任；无法证明自己是对的；认为别人在和自己作对（就会采用各种方式证明自己的正确，如果自己什么都对、什么都会，怎么和他人合作）。进而这些担心和焦虑会变成压力，最终形成负面情绪的人。

所以负面情绪产生的真正原因是你自己的思维方式给你自己很大的压力，压力带来了担心和焦虑，而后带来了负面结果。压力和负面情绪来源于你的思考问题的方式而不是来源于事情本身。

负面情绪对工作的影响都有哪些？处理不好会产生哪些负面结果？

让我们来看看有这样一个故事：

一个人和他的邻居相处得不好，虽然没有发生争吵，但两个人都知道对方不喜欢自己。一天这个人想在墙上钉一个钉子挂画，发现自己家没有锤子，忽然想起，昨天看到那个自己不太喜欢的邻居在门口用锤子钉过钉子，就想去借。但是又想对方不太喜欢自己，大概不会把锤子借给自己。在家中翻来覆去地想了很久，最后还是想去试试运气。在他出家门到邻居家的路上，一直都在想着对方不喜欢自己，很有可能不会把锤子借给自己。走到邻居家门口时，眉头已经紧锁，当当当敲开门后，第一句话就说：“我就知道你不会把锤子借给我”。对方莫名其妙，而他自己已经气得转身就走。

这个故事告诉我们，负面情绪除了让自己生气之外，还有一个更恶劣的后果，就是让你达不成目标。因为你的负面情绪影响你的行为，并直接导致不良的后果。

其实，从某种意义上来说情绪没有真正的好坏之分，正如一句话说的：上帝赋予我们的每一种能力都是有用的。区别在于我们用什么样的态度去面对从而产生相应的不同的效果！让我们来看一下这些常见的“负面，不良”情绪，我们应该好好思考一下，怎样把它们转化为帮助我们的一种心灵力量。

每个“负面”情绪其实都能给人一份推动力，推动当事人去作出行动。这种推动力或者是指出了一个方向，也可能是给予了一份力量，有的几乎是两者兼备。

我相信上帝为我们安排的所有情绪总是有正面意义的。因而我们所认定的“负面”情绪也许不是我们所认为的那样讨厌。事实上，它们都起到了非常重要的作用，是完全值得我们予以重视的，别忘了情绪本身就是一种推动力！

既然问题不在情绪本身，就要看你是如何去拓展你情绪上的选择空间，也就是情绪运用的能力。假如你感到你在情绪上没有选择的余地，那么，“负面”情绪似乎往往要占上风，它将主宰并控制你的思想及行为。当你有了情绪上的运用能力时，你就能对这些情绪产生新的想法并赋予它们新的价值。

虽然很多人会提醒你，应该设法避开“负面”情绪，但我还是相信，所有的情绪都是为人服务的。

有时候，当我感觉到自己有一种负面情绪时，我外在的意识通常就会提醒我对这种负面情绪作出估计。假如，最近我感到工作很有“压力”，我就会问自己：“最近是否需要在工作中加入一些动力?”

假如答案是肯定的，我就会让自己去体会这种“压力”，这是我的选择。当我主动这么做的时候，事实上，这时候的压力已经不再是“压力”了，它更是一种刺激、一种挑战、一种动力!

在此期间，我的外在意识会定期地使我对压力予以注重，因而我会对我的想法所维持时间的长短是否合适作出估计。假如已达到了合适的程度，我就会选择一种新的情绪状态。对我来说，时间量的大小就是我获得信息并决定对其怎样作出反应所需要的时间。

进一步说，所谓的“负面”情绪，多数都是把我们的注意力转移到了生活中那些不顺心的事情上。通过把我们的注意力引向那些不顺心的事并使我们处于一种情绪状态，通过这种情绪状态我们能对所处的局面作出评价，所以这些“负面”情绪状态就可以帮助我们搞清楚事物并找到解决困难的方法。

假如这个作出反应的过程中，外部世界发生了变化的话，我就会完全自由地调整我的情绪状态以应对新的情况作出反应。因此，当别人骂了我一顿，我就不必生气！我有自己的选择。

我发现这种情绪选择模式很有趣。因为我已学会前面所讲到的技巧，所以我对我的情绪就有了一种意识力，从而在任何特定的时候，我都能对它作出合适的选择。

实在是太有趣了，我们情绪的发生总是配合生活中的每件事，帮助我们向着自己的主观愿望前进。我发现“负面”情绪真的是有道理的，而且是有用的。

当你再一次去体验“负面”情绪的时候，结果发现你的“痛苦感”不见了！你会看到“负面”情绪可以为你的目的服务，并能不断地帮助你找出方法并给予能量动力去解决困难。就像我前面所说的那样，上帝创造的东西总是有用的！

这个方法可以帮助你自己摆脱被情绪控制的感觉，从而让你拥有一种精神上真正自由的感觉。在生活中大多数的情况下，你完全可以选择你所要体验的情绪。

你一旦获得了情绪上的自由，也就大大拓展了我们精神领域的活动空间，例如，当你情绪低落的时候。你的意识可能会马上提醒你：“喂，别忘了，它是为你服务的”，你就会在感到悲伤和一种更积极的感觉，例如快乐。你当然会选择快乐，难道不是吗？下面我们来看看门店终端的一个案例。

小红是深圳一家老人头专卖店的导购，平日她与店长的关系很好，她们两个可算是无话不谈的好朋友，因为她们都来自同一个地方，所以，平日里店长对小红都是十分照顾。一天，小红与男朋友吵架，上班时情绪十分不好。按照惯例，这家店每天早上都会开例会，在例会上，店长张梅就发现小红今天情绪不对劲，因为平时店长对小红的私生活比较了解，所以店长猜想小红一定是与男朋友吵架了。于是例会开完后，还没等小红进店里，店长张梅就拦住了小红，说：“小红，我一个好朋友昨天告诉我说，在东湾那边有一家非常好吃的小吃，今天你可以上晚班，我带你一起去吃吧。”张梅知道，小红只要生气的时候，就喜欢大吃，用吃来发泄自己心中的不快。因此，张梅带着小红一起去了东湾那边的一家小吃。小红大吃一顿后，店长问小红："怎么样，现在心情好多了吧?"小红说："嗯，大吃完之后，心里像是没事发生一样。"就这样，两个人一起回到了店里。回到店里，小红认真地投入到工作中，一个下午的业绩相当于之前一天的业绩，店长心里暗暗地高兴。

正所谓：一天之计在于晨。早上的心情不仅影响一个人一天的业绩，还会影响到整个店铺的所有员工。不要因为一个店员的负面情绪影响其他店员，甚至影响到顾客。因此，作为一名终端销售人员，我们要用行动代替负面影响，把这种情绪化为工作的动力。上面的店长及时化解门店人员的不良情绪却是值得我们借鉴。

虽然我们无法选择发生的事情，但我们可以选择我们的情绪状态；虽然我们无法调整环境来完全适应自己的生活，但可以调整情绪来适应一切的环境；毕竟你的生活不是全部由生命所发生的事所决定，而是由你自己面对生命的态度和你的心灵看待事情的态度来决定。

好心态才有好工作状态

专家点睛

世界上本没有卑微的工作，只有卑微的工作态度。在门店销售中，带着积极向上的心态去工作你收获到的往往不仅仅是“钱”途。

心态是人在工作或生活中所呈现的认识倾向、价值倾向、情感倾向的总和。心态控制着人的行为，心态也决定了人的视野和成就，是决定人生是否成功的重要因素。下面看看门店终端的实际案例吧。

小谢是2009年毕业的高职毕业生，毕业后只在亲戚的店铺干过几个月，由于是小店铺，干的是杂七杂八的活，她觉得学不到什么技能和经验，于是打算自己找工作，但由于工作方向不明确，只要碰到有面试机会，她都会参加。在几个月的几次面试中，屡战屡败，一次面试也没通过。

通过沟通发现，小谢自信心丧失，对工作或单位的不在乎，为工作而工作的不良心态是造成她失败的主要原因。面对日益激烈的竞争，许多涉世未深的人信心不足的态度十分普遍。而产生信心不足的原因有很多，有生理的、环境的、家庭的，但主要还是心理因素造成的。比如：在工作中自己总是拿不定主意，过分退缩；对自己能胜任的工作，不敢说“行”，总是说“试试看”等。每个人都不希望自己信心不足，因为一个人的不自信很可能在工作过程中表现出来，那样的话，用人店铺又怎么敢用一个对自己都不自信的人呢?

一位哲人说过：“你的心态就是你真正的主人。”一位伟人说：“要么你去驾驭生命，要么是生命驾驭你，你的心态决定谁是坐骑，谁是骑师”。佛说，物随心转，境由心造，烦恼皆由心生。心态的不同必然导致人格和作为的不同，因而也会谱写不同的人生。生活中，我们常常会议论心态这个问题，常常会就某一件事议论这个人的心态好或者那个人的心态不好。心态，不言而喻，就是指一个人的心理状态，换言之，就是指一个人的心理素质。心态决定心情，好心态带来好心情，坏心态带来坏心情。

现实生活中，假如我们想要的是挖掘自己所有的潜力去实现心中的理想，实现人生的目标，那么我们的工作就不仅仅是为了完成任务，而是为了挑战极限，超越自我，那么积极的心态是一种正向的能量，是一种不断向给自己暗示，自我肯定的过程，那将是无穷尽的力量提供给我们用来努力完成自己的目标。比如，这次的伦敦奥运会，孙杨、张继科，男团取得的前所未有的好成绩，那是一次次的不断超越自我，挖掘出自己的内在潜能的结果，刷新了一个个的奥运会成绩最佳纪录。

好的心态，是决定成功的关键。平凡的工作中，每一天都会遇到大大小小的各种苦恼和问题。问题产生了，我们要找到产生问题的原因在哪里。一个圈子里，各个部门分工不同，作用不同，要找到问题的关键其实并不困难。假如是因天气或气候等特殊不可抗力造成的，我们自然很无奈，只能积极的配合。

假如说是终端销售中哪个环节出现问题了，那么我们一定要用耐心平和的语气，积极的心态去跟客户沟通，帮助其尽快地解决问题。如果问题在自己这儿，那么首先要正视问题的存在，不断的自我反省。努力改正自身存在的确定和不足，并且以后避免问题的再次发生。当然，我知道人的潜能是无限的，可以不断地超越自我的。但是，有些客观的问题一直存在着，也可能是我们经常说到的“瓶颈”问题。

也许我们的努力还不够，也许我们的心态还不够好，我们需做到的就是踏踏实实做好本职工作，用最佳的心态去面对问题，尽力去改善现状，努力实现自设的目标。好的心态，好的生活、工作状态，会使你的每一天都精彩纷呈！

坚持成就一生

专家点睛

在门店销售中要对工作保持足够的耐心，不要心态浮躁失去耐性。不畏困难，不要浅尝辄止，永不放弃。坚持就是胜利，不到最后关头绝不放弃。

成功者与失败者并没有多大的区别，只不过是失败者走了九十九步，而成功者走了一百步；失败者跌倒的次数比成功者多一次，成功者站起来的次数比失败者多一次。成功者在走每一步时都小心谨慎，而失败者在跌倒后还是没有想通是为什么。

珍妮在一家综合门店做家具销售，她所在的家具区域一直以来都是生意平淡，一个月的销售额也就只能达到门店总额的10%。珍妮作为终端销售人员，工资和绩效一点也没有上升的可能。但是对于珍妮这样一个勤学好问的聪明女孩来说，这并不能成为阻拦她奋斗的障碍。

珍妮开始在平常的生活中为自己的销售技巧找方法。她不断地学习一些关于店铺营销类的书籍知识来提高自己的内涵。

通过她半年的努力，家具商区的装修，布置变得比往常亮丽了起来，并且有了新的装饰场景。无论是顾客或是老板，一走进这里都有种来到奇美空间一样的感觉。舒适的环境和店员和蔼热情的态度为这里带来了新的变化。

在门店生活中，我们很多伙伴往往就是对失败的结论下得太早，在冲击销售目标的路上，当遇到一点点挫折时就对自己的当时定下的目标产生怀疑，甚至半途而废，导致所有的努力都白费；在学习新知识时，改变新的管理方法时，也有同样的情况发生。让我记意深刻的是，有一次在一个咨询项目中，要对终端各店铺导入新的店铺管理方法，站在老师和公司高层管理层的角度来说绝对是没有问题的，如果按要求去执行绝对能改变店铺目前的命运，因为是经过数百家店铺和几十个专家老师总结、研究出来的智慧结晶。在立项培训宣导时，各个店长都表示非常认同并表决心一定按要求做到最好。但在执行过程中出现了项目推行的常规异常，有些店长开始有些没有耐心，放弃了。但在这次大范围的变革中，大部分店长坚持了，结果她们的店铺发生了天翻地覆的变化，自己也得到了前所未有的成长，一些拔尖者成功晋升当了主管或更好的职位。

当然，在我们的日常工作中失败有时是不可避免的，如果出现了失败也并不可怕，明智的你把失败的教训转化成为学习的机会。找到原因，哪里做得不对，以后怎样避免这样的错误；总结教训，使其在以后的工作中从中获得教训，让一次的失败转化成为以后做决定的参考依据，以便以后能够避免同样的错误。

所以我们以后在工作中出现失败时，不要去怀疑自己工作能力不如别人，对将要面临的工作也产生了惧怕的心理，想去逃避它。要知道我们每一个人都不可避免遇到失败，如果我们害怕失败，那么将一事无成。一旦失去了对工作的勇气，我们倒真的可能在精神上垮掉。在遇到失败时，要有调节自己情绪的能力，迅速积累自己的信心，尽快恢复到冷静沉着的状态。请记住：领导看重的不是我们的失败经历，而是我们超越失败的勇气和信心。

吴玉章曾这样说，目标既定，在学习和实践过程中无论遇到什么困难、曲折都不灰心丧气，不轻易改变自己决定的目标，而努力不懈地去学习和奋斗，如此才会有所成就，而达到自己的目的。是的，我们一线工作的伙伴由于工作的特殊性，可能我们没有同年龄人的那种定期假期，别人的休息日就是我们最忙的时候；也比同年龄人辛苦些，大部分品牌的店铺工作者是站着工作的，在店铺里规定不能坐；也没有同年龄人的自由，每天在店铺里工作一点都不能乱来，连吃饭的时间都是规定了的，要按店铺规章制度行事；还有没有同龄人的工作场地那么固定，像我们做督导的、销售主管的经常要出差，去各个不同的城市……要说下去，有太多的不同了。可仔细想想这些又算得了什么？我们做的哪件事要想成功会没有阻碍？

如果往有益的地方想想，我们比同年龄人会得到更多：在收入上我们会比同年龄人高很多，因为我们的收入是不封顶的，只要努力完成所定下的目标，收入就上去了，想赚多少钱由我们自己来决定；我们做的行业和工作发展前景无限，优秀者不愁以后找不到好工作有好的收入；我们做的事是越老越有经验越值钱；到处出差可以增加我们的见识，尤其是对于我们女性，见识多思维就开拓了，对人对事不会斤斤计较，活得潇洒自如……好处要说也是同样很多。最重要的是看我们怎样去看待我们现在的一切。同样也告诉我们唯有经得起风雨及种种考验的人才是最后的胜利者，因此，如果不到最后关头就决不言放弃，永远相信：成功者不放弃，放弃者不成功！

对工作保持足够的耐心，不要心态浮躁失去忍耐性。不畏困难，不要浅尝辄止，永不放弃。坚持就是胜利，不到最后关头绝不放弃。滴水穿石，不是因其力量，而是因其坚韧不拔、锲而不舍。

第二章

打造铁一般的职业理念：店员职业观念决定你的“钱”途

讨人喜欢才会赢得机会

专家点睛

讨人喜欢的人能够获得更多的发展机会、得到更多比你优秀的人的帮助，学到更多对你有帮助的知识，进而有助于实现成功的人生。

一位老板准备在某城市开一家新店，一个身材不高却很朴实的21岁女孩进入这家店铺老板的视野内，这个叫平平的女孩刚从一家工厂出来，口袋里只装了十几元钱，她当时是抱了重新求职的热情来到新店的。但是老板一见之下暗自否认了她，因为根据公司的人才要求，他觉得平平不是很合适，一是长相一般，二是性格内向，身上质朴有余灵性不足，何况她也没来得及接受公司的培训。这些原因加在一起，老板委婉地拒绝了她。

但平平没有退缩，可能是女人第六感的敏锐，她凭直觉认定老板娘可以帮忙，于是把目光盯在老板娘身上很诚恳地说：“我喜欢这份工作，你让我做三天，不用给工资，如果不行，可以让我走！”在这样的目光和恳求下，老板娘做主把她留了下来。

这家新店开业了，平平前来报到。第一天她一声不响地在一边看，另外两个店员虽然同样没有经验，却比她活跃得多。那两个店员是和老板一起去南京参加了培训的，面对没有参加培训的平平自然就有了心理上的优势。当时公司派去的督导在那里教她们，第一天做了几百元，老板很不满意，觉得别人的店铺一天能做几千元，自己却只做几百元，差距太大了。但是他什么也没有说，只是把决心放在了心里。平平第一天的业绩为零。第二天，看了一天的平平开始做单，那一天她做了一张单：五十八元。

最先发现平平不错的是老板娘，刚开始，她也是因为不忍心拒绝一个女孩子的真切要求才做主留下平平，几天下来，她发现平平很乖，工作也很投入，同时又渐渐发现，这个女孩儿聪明好学，学起东西居然比那两个看起来很聪明的女孩子还要快。不过她并没有完完全全接受她。这时发生了一件事情，事情虽然不大，却无形中增加了老板娘对平平的喜爱。

女孩子都爱美，当新的工服发下来后，平平很是欢喜，没想到乐极生悲，工服于一夜间不翼而飞，忐忑不安的她找到老板娘问：“工服丢了怎么办？”老板娘说丢了要赔，平平说：“那就在我工资上扣吧！”

女孩子都是有虚荣心的，丢了工服的平平有了新工服后想回原来的工厂拿工资，为了好看，她盘了一个新发型，背着新包包，还要穿着工服回工厂，老板娘不同意："你丢了工服，又没交押金，我怎么可以还让你穿着工服出去，这是原则问题。"

平平后来去了工厂，她盘了一个好看的发型，但是没有穿工服也没带包包。这件事让老板娘再次感觉到这个女孩子还是很听话的。

喜欢上平平是两个星期之后，那时，原来没有参加培训的平平已经做得比另外两个人好了许多，她还对老板娘说："我一定要做自己的工作，因为这是我自己选择的！"说得诚恳实在。老板娘也是个很实在的人，当她发现平平越来越多的闪光处后，开始真切地喜欢上了这个诚实好学的店员。

当时店里的三个人可以说是各有所长，平平踏实技术好，另外两个店员灵活善言，为了平衡和观察，老板就让三个人轮流当店长，一个月后，平平脱颖而出，成了三个店员中最突出的一个，老板娘这时已经很喜欢她，结合种种情况和她优秀的表现，她被提拔成该店的店长。

那时的平平显然进步着，服务技巧越来越好，心态也改变了许多，只是说话艺术还掌握得不好，同样的意思让她一讲就显得生硬，指导店员时往往会因为说话方式不对遭到店员的反抗，她毕竟年轻，每到这个时候心里难免不好受，也会和店员闹情绪，这种时候她就找老板娘诉苦甚至哭鼻子，老板娘就开导她，给她讲一些处世之道和与人相处的方法。她很听老板娘的话。

平平做单业绩很好，她的业绩能排到整个区域的前一二名，她对做业绩一直保持很大的热情。店里的女孩子在她的带动下都把每天的目标写在手心里，时时提醒自己。

老板慢慢也发现这个女孩子身上的闪光之处，决定好好带她。每当公司有安排培训，他都会派她去参加。让老板欣慰的是每次培训回来后，老板都惊喜地发现，她的心态一下子放开了，不仅目光放远了，也有了竞争意识，觉得别人这么厉害，自己只有更认真去做，才能追赶上他们，同时她也明白自己以前工作方法的不足，对店员的态度开始有了变化，说话方式也改变了。老板发现培训在平平身上产生的效果也很高兴，自此以后，凡是外面有适合她的培训他都毫不犹豫地让平平去。

不过平平的成长还是有一个过程的，好在这个女孩子很自觉，自从感觉老板对她的栽培之后，她也更诚恳地对待老板，每次犯了错都打电话找老板：“老板，我又犯错了，你批评我吧！”

自此，她每天晚上都和老板娘聊天，老板娘也毫无保留地教她很多东西：如何做人，如何把工作做好，如何过好自己的人生等。她的学习精神很好，她每次讲的话都记得很清楚，并且一丝不苟地照办。对公司的培训也是这样，每次都能把培训精华带回来。

平平努力地做着，在店里都会认真教新来的店员专业技巧、做单技巧并当场做单，然后把自己的做单经验现场分析给她们，她告诉她们：如何和顾客沟通，如何连锁推销。在连锁推销中，她建议她们先做简单一点产品推介，过一个月或半个月后再推荐其他复杂一点产品，再过一些时间换产品时行有计划推销并给顾客换新造型，还要根据顾客整体造型、气质等进行服务，推销时要卖高档产品，拒绝客人用价位低的产品。还教店员要懂专业知识，和顾客聊天时从工作和生活情况出发，不要急于推销产品，但要用新的专业知识来征服客户，还要记住每一个顾客，让人感觉你是把她当成了朋友而不是顾客。

平平还有一个优点每每到月尾她总能把业绩做得比平时高出许多，其中有一件事让老板和老板娘难以忘怀。那一天也是一个月的最后一天，快到晚上十二点时，老板娘得知平平她们还没有下班，问原因，平平说："老板娘，我们要达到今天定的目标，不然绝不下班。"老板娘知道平平的个性，只能心疼地叮嘱她别太累了，那时候街上行人很少，很少的行人正赶往回家的路上，没有人顾得上走进这家灯火依旧亮眼的专卖店，但平平带动其他店员一起依然坚持着，没有收兵。

十二点的时候，一个穿着漂亮的女人驾驶一辆"宝马"车缓缓而来，这是一位富裕而有心事的寂寞女人，深夜穿行于街上只不过为了缓解一下寂寞的情绪，她没想到这时候还有店门大开的店铺，更让她惊奇的是，里面的店员都很精神地站着，每张脸上都笑意盎然，于是她忍不住走进店里，在店里，她受到了很真诚的欢迎和很好的服务，毫不犹豫的，她就买了一套产品，办了一张金卡。当她的车走出视线时，平平和同事们眼对眼的嫣然一笑，异口同声道："目标完成，下班休息。"这样的事情很多，只要是平平订下的目标，她总能完成，而且也总能在最关键的时候出现一张大单助她完成目标。

有的人觉得销售很累，做单很难，平平却说："做单太简单了，只用把顾客搞定就 OK 了，不累，太容易，比做老板都好！"每当平平这样说时，老板总是说："你就是老板，随便做！"老板并不是随意讲的，他现在是真心地信任着平平，不仅仅因为她给自己带来好的业绩，还因为他越来越发现，这个女孩的成长很惊人，她的感悟力强，复制能力很好，每当老板有了想法，只要说给平平，她都能准确地把握他的意思并发挥下去。

平平对老板和老板娘是百分百的忠诚，这不仅表现在她对工作的尽心尽力上，还表现在她总是替他们考虑，比如老板曾多次提给她加工资的事，她总是说：“你是老板你说了算，我相信你不会亏待我的，我的职责就是用尽全力在店铺做好我该做的，把新人带好把业绩做好，让老板您放心。”

老板和老板娘对平平的评论是：踏实、敢学、敢问、敢认错！正是基于这些，他们也越来越喜欢和信任平平，更放胆让平平帮自己在管理上做更多的事，包括代替他们去带动下面一些加盟店。

在新时代、新形势下，我们这个年龄阶段的人钱赚少一点可能因为他不是赚钱的年龄，但一定要学会讨人喜欢。原因很简单，那些讨人喜欢的年轻女孩能够获得更多的发展机会、得到更多比你优秀的人的帮助、学到更多对你有帮助的知识，从而有助于实现成功的人生。我们平时不管在工作上和生活上评判一个人或决定一件事时，也都是习惯于看我喜不喜欢这个人，和这个人打交道舒不舒服。所以我们要学会讨人喜欢。

学会讨人喜欢最关键几点有：对人要有恭敬心；有感恩的心；有责任心；要懂得服从。

做一个讨人喜欢的人，做一个真诚独立的人，而绝非一个和事老。

讨人喜欢的人能够获得更多的发展机会、得到更多比你优秀的人的帮助、学到更多对你有帮助的知识，进而有助于实现成功的人生。

团队利益高于一切

专家点睛

热爱自己的团队、忠诚于自己的团队，你的收益是无止境的。忠诚是对归属感的确认，是愿意为团队做贡献的觉悟。忠诚是对职业、组织的忠诚，是对自己负责。

店里的小圆在来这家店铺工作之前对自己的团队所有的事一向是事不关己高高挂起的态度。直至她上次参加完本公司总部举办的培训后改变了这个态度，那是因为在培训时，老师给她们举了很多真实的案例，并帮她们分析个人与团队的关系，后来小圆渐渐地变成一个受大家欢迎的人，并在终端门店中创造出出色的业绩。

案例中的小圆是我们门店生活中的一个很好的案例。在我们工作中，其实人才的圈子很小，尤其是业绩优秀的人员，本行业本市场的管理层很多人会熟悉，他们都会通过各种渠道去打听你过去在原团队的表现情况。如果好的话，对于我们在新环境的职业发展会有很大的帮助；反之，就会有很大的影响，严重的会让我们在本市场本行业找不到好的发展平台，因为信息是互通的。所以我们在一个团队工作不管将来会发生什么样的情况，在团队一天，我们就要热爱自己团队，忠诚于自己的团队，水涨船高，你所在的团队好了，业绩上去了，我们身为是这个团队的一员各方面也会跟着一起好。

团队里每件事都和团队里每一员有着密切的联系，团队的好与坏都是团队里每一位成员共同努力的结果，并不是哪一位成员的事更不是店长一个人的事，店长只是我们团队的组织者和统筹者，关键时候起到关键作用，团队大部分的事都是要依靠我们团队里每一个成员的付出得来。所以无论我们在哪家店铺，热爱自己的团队和忠诚自己的团队都是我们的一大准则。我们有义务忠诚于我们的企业和团队，到任何时候都是如此。正因为如此，我们不仅可以以我们的能力折服员工，也能以自己的人格魅力征服我们身边的一切。

有这样一句话：21 世纪不是个人主义年代，而是团队作业的年代。也就是说我们任何一个人要想做成一件事都得依靠团队力量来完成。那么我们就得必须懂得自己如何为一个完美的团队付出自己应有的力量，也有强烈的团队合作意识和优秀的团队精神。一个懂得团队生活的人，忠诚于自己团队的人，并为自己团队做出无限贡献的人，那么他将会是这个年代最大的受益者。

热爱自己的团队、忠诚于自己的团队，你的收益是无止境的。忠诚是对归属感的确认，是愿意为团队做贡献的觉悟。忠诚是对职业、组织的忠诚，是对自己负责。

“专业”两个字好踏实

专家点睛

不管你所在的岗位条件如何，只要你能潜心钻研，认真负责，坚持不懈地努力，就能达到专家的水准和境界，创造出一个又一个奇迹。

进店铺工作一段时间的小蓝没熟练掌握销售产品的相关技能，也记不住一些产品的专业知识，所以在服务顾客时总是显得不那么专业，在店铺里也一直是个听话照做的店员，她每次服务顾客时非常用心，很有耐心，不管顾客对她是什么样的态度，甚至有些顾客用藐视的眼光看她，她也是微笑面对顾客，每到这时她总是在想，我喜欢每位顾客，不管她们什么样的态度对我，我相信这都是暂时的，因为我会不断地钻研、努力做到最好，一次比一次好，总有一天会得到她们的肯定的。她总是会在这种时候做自我激励，自我打气，所以不管她的专业技能有多差，对产品有多不熟悉，但顾客看到她的态度，也就不生气了。

有一次，一位中年大姐气势汹汹地跑进店铺，又吵又闹地说：

“你们这里是个杂货店吧！还说是品牌，品牌能卖这种产品吗?”刚进店就破口大骂。看上去很难缠的一位顾客。这时小蓝正好在店里，看到这种情况，小蓝赶紧跑到那位大姐跟前，什么也没说只是朝着她微笑点点头，拿了一把椅子给大姐坐下，倒了一杯温水给大姐递过去，说：“大姐不要急，有事慢慢说，请先喝杯水，消消气”。大姐确实很气也很想喝水，接了水就喝了，并坐了下来，不怀好意地对着小蓝说：“你自己看吧，你们给我一个交待吧。”小蓝接过产品一看，是在关键部位掉了两个水金钻显得不那么好看了。小蓝很有耐心的问大姐：“姐您真有眼光买的是我们店里最畅销的款，也很适合您。那我想问下姐平时不用时您是怎样保管这款产品的?”大姐说：“不用就放在家里或放在包里啰，还能怎样?”小蓝就微笑着说：“姐是这样的，我们这个也是属于高档饰品，不用的时候也是一定要好好保管的，就像我们平时爱护我们的白金、黄金首饰一样。不过没有关系，您这个是个小事，只是掉了两粒水金钻，我马上给您补上再给您戴上，就和原来一样了。”

那位大姐用怀疑的眼光看着她说：“你别忽悠我哦，坏了我还是会来找你们的麻烦的。”小蓝还是微笑着说：“姐，您放心我们不是摆地摊的，今天在这摆，明天在那摆，产品出了问题您都找不到我们了，我们是在这里长期固定开着店铺做生意的，公司总部在广州，是一个正规的公司操作的品牌店，所以您放一百个心了。但姐我一定要跟您说清楚一点，您也一定要记住了，平时不用时也要像保管您的贵重首饰一样的去保管，因为经常和其他东西一起摩擦再美的产品也会变得旧色不好看的，和我们平时买的名牌衣服是一样的道理，如果一件很贵的毛料衣服，我们不去干洗而和普通衣服一样放在洗衣机里混洗，那过些时间后衣服肯定会变得很差了，甚至还会坏。您说是吧?”经过小蓝的耐心服务，顾客慢慢平和了接受她的服务并离开了店铺。

在用心服务上小蓝还有很多优秀的事迹。所以很多顾客会因小蓝在店铺经常来店铺坐坐，每次来了也不会空手走。

小蓝学历不高、技能不高、职务不高，是一个刚进店不长时间的普通店员，但她却被评为本年度本公司的服务之星称号，她的成长经历给我们的启迪就是：干一行，爱一行，精一行，只要努力，就有收获！除非你要离开这个岗位离开这个行业，否则最好不要混日子，做一天和尚撞一天钟。因为这样会让我们养成不好的习性，后果非常严重。每一行每一份工作都有其苦乐，因此我们不必想得太多，关键是要把精力放在我们的工作之上。

我们所有的能力中大部分不好没关系，只要有一处优秀，把它发挥到极致，就能战胜很多工作中的难题，而且比一般的同事做得好。这就是我们在工作中存在的理由，这就是我们能够安身立命的资本。一定要熟练掌握一门专业技能，没有专业技能，在工作中就是可有可无的人，如果再做什么人人都可以做的事情，就会成为那种无论什么时候什么人都可以顶替的人。

无论从事什么工作，都应该精通它，成为自己职业领域的专家。与其他有能力做这件事的人相比，如果我们是工作方面的行家里手，就能赢得良好的声誉，那么，你就永远不会失业。比如我们做连锁销售的，如果我们的销售技巧过硬，有能让快死的店铺起死回生的本领，那我们就是行业里的牛人，到那时我们就有资格挑选平台发展了。

不过，成了“专家”之后，你还必须注意时代发展的潮流不断更新知识，提高自我，始终保持业务的领先地位，否则就会像其他人一样原地踏步，你的“专家”水平就会大打折扣了。

所以我们要像海绵一样，广泛摄取这一行业中的各种知识。平时在工作中可以向同事、前辈请教，还可以吸收各种杂志、报章的信息。此外，专业讲座、看书、各种行业的会议都要参加。也就是说，要在我们这一行中全方位地深度发展。练就一手独家绝技，那么美好的将来将是一道阳光大道。

每个员工不能独当一面会影响整个公司的运转。精通业务，成为自己职业领域的专家。能力是唯一持久的竞争优势”。干一行、爱一行、精一行，这是员工在本岗位上应该达到的职业素质要求，也是企业发展的动力。不管你所在的岗位条件如何，只要你能潜心钻研，认真负责，坚持不懈地努力，就能在达到专家的水准和境界，创造出一个又一个奇迹。

把门店当成产业来经营

专家点睛

作为一名销售人员，你首先必须了解你要销售的产品，必须深信，你要销售的产品能够满足顾客的基本要求，甚至还可能会带来的超值感受。

张莉是母婴用品加盟店铺的经理，她在来到这个店铺之前只是一个刚从经济管理学院毕业的学生，没有任何经验。但她善于在工作和生活中学习，她将店铺的运营和自己之前学到的经济管理学联系在一起，并作出了一系列专业的管理运营计划。

她将这些运营计划的详细方案转交给店长，店长当下就认同了张莉的想法。首先，张莉在店铺运管计划书中列出了一些重要的大纲。由大至小，统筹分化，作出一系列的方案，让人一看就明白其中的意思。

而就在门店开始运用张莉这种营销方案的第二季，门店营销额迅速提升了原来的3倍。

经营好一家门店需要很多条件，比如说技巧、经验、客流量等。那么，具体应该如何经营好一家门店？经营好一家门店都需要做好什么工作？简单来讲，就要我们把门店当成产业来做。案例中的张莉就是一个很好的例子。我们就从三个方面来讲解一下如何经营好一家门店吧。

1. 增大客流量

一个很简单的推算方式，现在门店一天来 100 个顾客，销售额是 2000 元，如果想使销售额提升一倍，最简单的办法就是让门店的客流量达到 200 人/每天。由：100 人 = 2000 元推出：200 人 - 4000 元。

这样简单的推算方式，要想在现有的状态下提升赢利，我们经营者就可以做出决策了，是进行促销活动拉动人气，还是加大口碑传播，抑或是通过整顿内部特色来吸引人气？这种解决方式在视觉冲击与上要求较高，在于抓住受众的第一印象不管是经营者本身，还是请专业咨询公司，都要以带动人气提升人流量为主要目标。建议不要只是把眼光局限在促销活动上，要通过整改，理顺出门店的经营特色，来达到最终的长期口碑效果，避免短期高峰。

2. 提升现有客流量的客单数

提升客单数，即提高来店客流的成交数。也就是说将一天内在门店产生购买的顾客数提升也可以达到营业额的提高。在顾客平均购买额不变的情况下，我们提升光临门店顾客的成交量也可以达到营业额的提升。

提升客单数的关联因素包括购物氛围、品类价格、营业员销售技巧等，也就是说影响客单数的主要因素集中在门店氛围与产品的品类价格上，首要门店的营业氛围一定要符合所销售产品的本质，在产品陈列上，要突出目标类产品带动门店整体的形象，同时，经营形象与格调要符合行业特色，在某些现金流产品的价格上，要有迎合消费者心理的定价，做好目标性产品、常规产品、季节性产品以及便利性产品的定价策略，以突出门店的吸引力；与此同时组织专业培训课程，对员工进行销售技巧、服务等综合素质的培训，以确保增强营业员的销售力度，也可以进行首次消费优惠的促销活动，促进顾客尝试性消费欲望，达成销售成交。

3. 提升客单价

凡事以人为本，销售工作自然也是如此，导购人员作为企业的第一生产力，其重要性不言自明。销售过程中导购人员第一要树立一种观念，就是把顾客当朋友，而不是我们传统上说的顾客是上帝，只有这样买卖双方才不会有距离感，才能真正建立起他们的信任度；第二要成为顾客的采购顾问，这样的导购在顾客面前才是一个专业的人士，能够帮助顾客解决问题，信任你的程度也会更高；第三要成为顾客最愿意与之交谈的人，愿意和你沟通，有话愿意跟你讲，有问题愿意咨询你，这时的顾客俨然把自已的决定权完全交给了你。

顾客往往是因为喜欢你这个人而喜欢你介绍的产品，销售成功最首要的条件就是自信。因此导购一定要建立自信心，必须把握住几个关键问题：一是丰富的专业知识，对自己销售的产品了如指掌，熟记于心；二是反复的演练，只有将对顾客的销售演示达到无懈可击，哪些话该说，哪些话不该说，有些话说到什么分寸，哪些要重点介绍，哪些要一般介绍，这都要事先准备好；三是销售技巧，只有经过持久的不懈努力，具有真诚的敬业精神，善于在实践中归纳和总结，比别人多一份思考，才能获得成功必备的技能。另外还要善于推销自己：做任何销售，顾客对销售人员的第一印象至关重要，导购员能不能让顾客认同你这个人，很大程度上取决于给顾客的第一印象，所以导购随时应该注重个人的形象和言谈举止。真正职业的导购人员，应该非常注重自己的个人修养，对于跟顾客说什么把握得极准，而且能够吸引顾客认真听下去。因为你讲的所有东西都让顾客感觉到你非常真诚，而不是夸夸其谈，如果能做到这一点，你就成功了一半。所以，作为一名导购人员，一定长期坚持，使自己锻炼出这种本领，并在销售过程中成功地推销自己。

作为一名销售人员，你首先必须了解你要销售的产品，必须深信，你要销售的产品能够满足顾客的基本要求，甚至还可能会带来的超值感受。那么要求我们首先要热爱自己的产品，对自己的产品销售要有足够的信心，要知道自己产品的特点、优点和带给顾客的利益点，及其与目标顾客之间产生的共鸣，当然还要随时关注竞争品牌的产品，对比自己的产品，总结优势及产品的独特卖点。

和工作一起成长

专家点睛

一名企业员工，你的工作其实就是“做事”，你所做的每一件事，都是你学习的机会，如果你能够充分利用这些机会，在每一件事情被你解决的过程中，你所学得的知识与技能必然有所增加。

不可否认，所有工作中的经验，都是由“事情”积累而来的，实践是学习的最高境界，而“事情”所体现出来的，就是实践。一名门店终端销售人员，你的工作其实就是“做事”，你所做的每一件事，都是你学习的机会，如果你能够充分利用这些机会，在每一件事情被你解决的过程中，你所学得的知识与技能必然有所增加。

万物皆有可学，事事皆有学问，当你明白了这一点，你就会在面对事情的时候，有意识地从这些事中学习知识与技能，增长你的经验和智慧。而正是在这种学习中，才使得自身不断得到成长、不断进步。

每一个终端人都想快速成长，成为店铺的基层主管，成为经理。“不想当将军的士兵不是好士兵”，但不是每一个士兵都能当上将军。士兵成长为将军是需要历练的，是需要时间的，是需要机会的，是需要运气的。

不经历风雨，怎能见彩虹。没有历练就没有成长，这句话说起来轻松，但是现实生活中，我们往往拒绝了“历练”，进而拒绝了“成长”。

“您所布置的这项工作不是我的职责范围，我不会去做。再说了，这几天这么忙，也没时间做。”“这项工作真的比较难，很难搞的定，我看还是先放一放，看看再说。”“这一次会议，我还是坐在后面吧，我也不准备发言，我是来‘打酱油’的。”

其实历练就在身边，但是被我们拒绝了。被我们拒绝的越多，我们成长的就越慢。可能我们不想变慢，但是拒绝了历练之后，我们成长就会变慢。我想很多职业人都存在这样的不良习惯，拒绝成长。等到同辈渐渐展翅高飞，远离自己而去的时候，我们才会不断地埋怨机会与运气。

时间是一个人成长必不可少的要素，但不是决定要素。下面我们来看一个例子吧。

小海在一家门店待了半年，这个门店很小，只有几个人，她感觉到没有空间，所以想跳槽，询问我的意见。我的建议是：在一家门店待不到两年，不要谈跳槽。门店生活可以协助一个人的成长，但是一个人的成长绝对不能依赖门店。大的门店有大的优势，小有小的长处，不管在什么样的环境中，是否学习，是否成长的决定权在于自己。

机会是一个人历练与时间积累的结果，没有历练与时间的积累，机会就不会出现，即使出现，也是别人的机会。在现实生活中，我们往往会放大机会的作用，而不是沉下心来进行历练与总结。新的工作岗位空缺了，但是领导空降了一位同事过来，原因不是门店的“引入新鲜血液”的指导思想，而是领导对你的能力还没有认可。

一个人只有在压力中才能不断成长，不断进步，这样能让人在生活中越变越坚强，只有经常性地感觉到生活或者是工作中的压力，才能让自己永远不懈怠。那么，面对压力，应该做些什么呢？

（1）要保持一颗上进的心。实际上我们每一个人都会有压力，每个人的压力都是不同的，有生活中的压力，也有工作中的压力，压力的大小也是因人而异，当然，抗压的能力对一个人也是非常重要的，我们要在压力中成长，就要有一颗上进心，面对困难要迎难而上，不要被压力打败。失败对自己并不可怕，可怕的是面对失败自暴自弃，所以，一颗积极上进的心是很重要的。

（2）坦然地面对工作。当接到一项工作时，可能是从来没有做过的，也可能是对你来说有一定的困难，此时，有些人可能会心里很着急，甚至会有一些抱怨，领导为什么让我做，而不是别人，其实这个时候，应该感到高兴才是，因为既然领导会让你做这件事，就说明领导对你的信任，相信你做事的能力，可能一开始面对工作你不知如何是从，你可以找到领导商量探讨工作方法，而不是自己在一边发愁，当你真正的做起来会发现并不是很难，你又从中学到了新的知识，积累了新的经验。只有不断地面对新的工作和挑战，主动地去接受新的任务，才能获得成长进步的机会。

（3）给自己找压力，不断地创新。只要是一个有事业心的人，都不会愿意平平淡淡的生活，并且总是做着一件永远不变的事，那样生活就会失去意义，创新是一个人进步的灵魂，为什么不在自己的一成不变的工作中创新？也许会有更好的工作方法，而不是机械地去工作。有了这个想法后，在以后工作我都会在以往工作方法的基础上，找出更高质量、高效率的方法，使得工作游刃有余。

少一点抱怨，多一点努力

专家点睛

1. 今天工作不努力，明天努力找工作。

2. 停止怨言，少说多做，多出成绩。

3. 设法改进工作和增加工作乐趣。

小红工作已经5年了，工作经历了电子、餐饮、服饰几个行业，从事了业务、客服等职位，走了很多省、市的市场，相对复杂的工作与社会经历让回忆有美好也有痛苦，但是，让她记忆最深刻的还是一次培训导师说的："成功=少一点抱怨+多一点执著+多一份感悟"，因为在她的工作与生活中，这句话是一个活生生的印证。

在她刚进入社会的时候，总觉得世界就是美好的，每天只是简单地朝着目标奋斗，认为只要努力就一定能成功，那时，不在意别人如何看自己，拼命工作。于是，获得了很多人的称赞，收入与知识都得到了很多的积累。

然而一次突发事件改变了她这种思维模式。她开始有了计划，有了想法。哪些是她该做的，哪些不是该她做的，以前多余一点时间可以帮助别人工作，现在时常觉得“为什么要我做”。不知道为什么，原来再多的困难她都不认为是什么难事，而此时却好像事事都不对似的。

那些年，她常常抱怨，常常容易懈气，在工作中碰到障碍就选择逃避，谁也没有想到，才不到一年的时间，她换了四个公司、三个行业。后来经过朋友沟通、鼓励，自己才慢慢醒悟过来：抱怨让她眼中只有别人的错，事情自然而然就没法做，做不好又是别人的错，激情少了，坚持没了，朋友远了……而她的同学朋友都获得飞速的发展，在她们勤勤恳恳之时，她却笑她们笨，做那么多事干吗？

第三年，她开始觉悟了，为什么以前做事不抱怨，现在却嘀咕这嘀咕那的，关键就是怕吃亏，多做点就觉得心里不愉快，说到底就是有些斤斤计较，小肚鸡肠，这样安能成大事？于是，她成了一个没事找事的家伙，时时提出自己部分甚至其他板块工作的建议，最后还要自己去完成所提的建议，有时经常搞错而被上司骂，很多人开始笑了：这傻子，以为自己是谁，有些人也劝她：“你做多错也一定多，何苦吃力不讨好呢?”她没有抱怨，她只是想，她要坚持下去，执著一点，多做一点，多想一点肯定是没错的，最后获得了董事长的赞赏，步步高升。

后来出于个人的原因，她换了一个店铺，在这家店铺里，老板认为她比较敬业，让她同时肩担其他工作，白天晚上都要上班，她还是只拿一份工资，她身边的人都笑她特傻！可是谁又知道她又学了多少知识？没过多长时间，工资就大涨了！她说：“我想，如果当时我抱怨这，要求那的话，结果后面的我就不是我了，知识与金钱肯定没有现在这么多”。她的心态始终是积极的，有一句话说得好：积极的人像太阳，照在哪里哪里亮，消极的人像月亮，初一十五不一样！”

后来她一直就这样执著地坚持，并开始明白执著的人往往会取得成功，而抱怨的人成功很少。

在职业生涯中，积极努力工作是最基本的要求。我们常听到很多一线的伙伴们抱怨自己的工作卑微、低人一等，迫于生活的压力不得已而为之，轻视自己所从事的工作，自己无法投入全部身心。在工作中敷衍塞责、得过且过，将大部分心思用在如何摆脱现在的工作环境上，这样的人在任何地方都不会有成就。

很多人也都埋怨自己的运气不好，别人那么容易成功，而自己却总是在成功的边缘打转。其实，她们不知道，失败的原因正是她们自己。她们不肯在工作上集中全部心思和智力，做起事来无精打采、萎靡不振；她们没有远大的抱负，在事业发展过程中也没有排除障碍的决心，她们没有使全身的力量集中起来，汇成滔滔洪流，这样怎么能成功呢？

其实通过工作我们可以获取经验、知识和信心。投入的热情愈多、决心愈大，工作起来就会效率愈高。当抱有这种热情与执著时，工作将不再是苦差事，而是为了做一件全身心热爱的事，而且是有人愿意付钱请你来做你喜欢的事，这样看来是多么合算的事情啊！

第三章
提升业绩思维：门店业绩才是硬道理

客户无小事

专家点睛

在门店工作中，诚恳服务在于细。小中见大，细微之处见真情。不管做什么事，态度决定一切。做一项服务工作，“顾客就是上帝”这一良好的服务态度是必需的。

诚恳服务在于细。小中见大，细微之处见真情。不管做什么事，态度决定一切。做终端服务工作，“顾客就是上帝”这一良好的服务态度是必需的。这就要求我们换位思考，想顾客之所想，急顾客之所急，提高服务质量，语言要礼貌文明，待客要热情周到，要尽可能满足顾客的要求，用自己的热情去换取客户的舒心。只要我们有服务于他人的态度，我们就会得到他人的肯定及认可。从小处着手，从小事做起，将客户服务工作做细、做实、做好，才能进一步提升服务水平和服务效率。

“愿化春雨细无声，甘为烛炬尽燃烧”。服务人员的一次微笑、一份热情、一次主动，带给客户的将是极大的感动；服务人员的一言一行，一举一动、不仅是自身形象的展示，更体现集团在客户心中的形象。

总之，在客户服务上多一些微笑、多一些耐心、一些关爱，加之全面、娴熟的专业知识，晓之以理，动之以情，设身处地为客户着想，就可以抓住客户的心，就什么问题都能解决。只要我们给予客户的是微笑、热情和真诚，我们就能从客户那里收获到同样的东西。尊重客户，也就是尊重自己。

客户在心中，服务无小事。人生的意义不在于我们拥有了什么、拥有了多少，而在于在为他人服务这一人生历程中所实现的人生价值。

有个客户一直在某门店买货，是该门店的老客户。可在不久之前，这个客户却被抢走了。该门店经过调查后得知，客户所买的货物在包装过程中遭到损坏，而负责办理保价赔偿的销售员却没有耐心解释，客户感到十分生气，因而选择了其他门店的货物。这个故事告诉我们：服务工作无小事。

在激烈的市场竞争下，客户都非常关注自身的利益，希望买到物美价廉的商品，享受到优质的服务。当今运输市场的竞争也越来越激烈，在各方面条件都差不多的情况下，最有可能打动客户的就是服务了。谁的服务周到贴心，让客户满意，客户就会选择谁。因此，客户的保有量就像晴雨表，能够反映车站服务质量的好坏。

服务工作无小事，只有长期为客户提供优质服务，才能够拥有稳定的客户源。一旦稍有疏忽，服务质量下降，就可能造成客户的流失。如果因为终端人员没有耐心解释保价赔偿的具体事项，就让门店流失了老客户，真是一件十分遗憾的事情。因此，我们在开展服务工作时，一定要注意细节，出现状况时要耐心向客户解释，争取客户的理解和支持。只有这样，门店才能在激烈的市场竞争中立于不败之地。

很多“聪明”的人对小事不屑一顾，经常以“做大事者”自居，实际上，这些人往往是眼高手低的人。日本的松下幸之助让新来的员工从打扫厕所开始职业生涯，因为他相信：一个人连扫厕所这样的小事都做不好的话，其他的所谓大事也不会干好。

张瑞敏就这种事曾经说过两句话：什么叫做不容易，就是把容易的事情反反复复地做到位，就是不容易！什么叫不简单，就是把简单的事情日复一日、月复一月地做到位，就是不简单！

古时候的老子也说过：“大必出于细”，也就是说，再伟大的事业都是一系列的小事构成的，没有小事就没有大事。小事是大事的根基，小事做不好，大事就不存在。因此，我们在工作无小事，小事就是大事，把小事做到位，大事自然就更容易做好。说的深一点，就是：小事中看责任，责任中无小事，对于一位有责任心的人，小就是大。

对待客户无小事，我们做企业，关键的一点就是客户。

优质的服务哪里来？不会从什么大的事情上来，一定是从最小的事情上来。所以，万科集团强调：“我们1%的失误，对于客户而言，就是100%的损失。”这种原则形成了万科的“客户无小事”理念。

要重视每一件细小的事情。机遇总是偏向于踏踏实实的工作者。我们要遵照循序渐进的原则，每一个环节、每一级台阶对你的人生都有巨大的意义。

善于制定有挑战性目标

专家点睛

我们大部分人其实都在小觑自己的能力，有了小小成就马上就以为自己已经到达巅峰状态，于是不肯再冒险，坚决不再向上爬，结果白白浪费自己的潜能，错过无数向前推进的机会。为此，每个门店工作者都应该给自己制定一个目标去挑战、去征服。

有一位门店销售主管，经她手教出来的销售人员个个都是顶尖高手，很多人都很奇怪，同样是做销售，为什么这个人是那么厉害呢？难道她有什么秘诀不成？

为了一探究竟，一位年轻的销售女孩走进了这个老师所经营的门店。刚开始，这个老师也是平常的教育，教给学生一些基本知识。3 个月后的一天，货架上摆放了一份全新的货物。女孩喃喃自语，感觉自己对新鲜货物的了解不多，销售起来可能比较困难，信心似乎跌到谷底。

“试试看吧！”老师说。女孩努力工作了一个星期，第 2 周时，没想到主管又在货台上换了新的货物，“试试看吧！”上星期的业绩提也没提。女孩再次挣扎于更高难度的挑战。第 3 周，又是新货物上架，同样的情形持续着。

最后，这位学生在自己日记中这样写道：人，往往习惯于表现自己所熟悉、所擅长的领域。但如果我们愿意回首，细细检视，将会恍然大悟，看似紧锣密鼓的工作挑战、永无休止难度渐升的环境压力，不也就在不知不觉间养成了今日的诸般能力吗？因为，人确实有无限的潜力！有了这层体悟与认知，会让我们更欣然乐意地面对未来更多的难题！人的能力是无限的，人的知识想象力具有很大的潜力，充分挖掘它，发挥丰富的创造力，就会做出使自己都感到吃惊的成绩来。

正如案例这个女孩所遇到的一样，人如果不经常挑战自己，又怎么能知道自己有多少实力和潜力呢？同样，如果不挖掘出自己的潜力，又如何走向成功呢？那么对于那些不善于挖掘自己潜力的人来说，该如何发挥自己的潜力呢？

1. 改变自己心态

乐天达观的人往往能取得成功，因为他们心态促使他们积极进取，而不是甘于认输、自暴自弃，甚至是一遇到挫折就打退堂。在这些人的心目中，挫折不过是成功的垫脚石，他们的乐观、自信最终成就了他们的成功。

2. 不要隐藏自己的志向

很多人之所以就没能发掘自己的潜力，很大一部分原因是他们为了生活、为了其他的一些事情而主动隐藏了自己的志向。比如个人的志向是当一名画家，但是在父母、老师、社会现实的干预下，他不得不隐藏自己的志向，而转向自己并不熟悉的领域，如果这些人做其他工作的同时也能追求自己的志向，那么说不定就能激发自己的潜能，从而改变自己的生活。

3. 减少自己的心理负担

很多人之所以没有发掘自己的潜能，是因为生活的压力过大，根本无暇他顾，以致自己身上到底有多少能力、有什么样的潜力都没有发现。特别是在现代社会，竞争如此激烈，我们为了社会力量之间的博弈已经耗费了绝大部分的精力，哪里还有时间去挖掘自己的潜能呢？当然，要想做到这一点，最好的办法就是减少自己的心理负担。

4. 不断尝试和突破

所谓尝试和突破其实就是挖掘自身潜力的一种方式。为什么很多人在很多年的时间里没有一点点的改变、没有一点点的进步呢？细细观察之处我们会发现，无论是在生活上还是工作上，这些人都没有经历过一些尝试和突破，自然而然这些人也不会想着如何挖掘自己的潜力。

5. 不断改变现状

人一旦安于现状就不会想着如何改变，而人一旦不想去改变，就不会去寻求自身的力量，从而白白地埋没了自己的潜能。

确实，在门店终端中，我们大部分人其实都在小觑自己的能力，面对销售目标有时候感觉力不从心。很多店员有了小小成就马上就以为自己已经到达巅峰状态，于是不肯再冒险，坚决不再向上爬，结果白白浪费自己的潜能，错过很多创造业绩的机会。

怎样在困难中突破门店业绩

专家点睛

在门店工作中，创造的业绩往往与勇于挑战困难和问题的程度成正比。越敢挑战困难和问题，越能创造超凡业绩。

深圳有这么一家服装店，之前好多有经验的店长来这里，但是业绩始终没有突破 8 万元。这家服装店的老板都觉得很奇怪，觉得业绩应该不仅仅只有 8 万元。因为本身这家店铺就具备了良好的环境，正所谓是“天时地利人和”。该店铺地处市区的繁华地带，服装款式也紧跟时尚潮流，店铺的店员个个都经验十足，但就是业绩永远没法突破 8 万元这个“大关”。店员们也都感觉，在这种环境下，可能无法创造超过 8 万元的业绩了。

后来，来了一个只有小学文化水平的店长，让所有人都没有想到的是，店员们在这位看起来并不起眼的店长带领下，竟然将业绩突破了 12 万元。大家可能都觉得很不解，为什么这位店长能将业绩做到 12 万元？而其他同样有经验的店长就达不到呢？其实，原因很简单，因为这位店长的带领方式不同于其他几位店长。这位店长的方法有两个：一是目标第一。该店长给自己定的业绩就是12万元。并且把目标量化到每周、每日、每个人头上。二是激励员工。该店长明确地向员工表示：只要大家完成目标，我们就可以到深圳五星级酒店好好消费一番，消费的所有费用均由我一人出。在这种环境下，每个店员都非常努力，而且都超额完成了目标。在大家都看来不可能发生的事情，而在这位店长身上就变成可能了。不但如此，在这个店长的带领下，该店铺中的每个店员都变得自动自发了，并且她们喊出了自己口号：目标12万元，不达目标不收兵。处处可见她们的这个口号，就连她们的宿舍床头、洗手间都贴出这样目标12万元的标语。她们没有达目标夜里两点也不关店。有个别店员没达目标，其他店员一起帮忙。

面对“不可能”解决的困难，或者“不可能”完成的工作任务，假如你勇于去挑战，“绝不可能”就会变为“绝对可能”。上面的案例就是一个典型的例子。

在门店工作中，创造的业绩，与勇于挑战困难和问题的程度成正比。越敢挑战困难和问题，越能创造超凡业绩。要登上业绩的高峰，先得征服内心的山峰！越敢挑战困难和问题，越能创造超凡业绩。在任何单位，谁是最受欢迎的员工？毫无疑问，是最能创造业绩的员工。

如果一个人交好运，就算把他投入幼发拉底河，他也能抓着一个珍珠浮上来。

让我们来假设你失败了，或者说不及格，或者说一开始并没有成功。

失败的女士，你们是不是就该自怜自怨，埋头羞愧？当然不该。那样只不过是浪费生命。那是不是应该照人们常说的那样一试再试呢？其实不必，而且这样做可能丢弃了老天给的最好的礼物之一。失败不是坏事。恰恰相反，它应该是件好事。我们绝对不应因它而感到羞愧。有很多原因可以让我们把失败当成一种巨大的财富。不过现在我想从懒惰学说的角度来为失败唱赞歌。从这一角度来说，我喜欢失败，是因为从失败中获得成功要比再试一次以期下次成功的做法要容易得多。就是这样，从失败中获得成功。为什么不呢？这样做既节省时间、劳力和精力，又减少磨损。如果你知道从何寻找以及如何寻找的话，一次好的失败的价值比得上一百万次以前苦苦追寻的成功。

向潜在的客户要业绩

专家点睛

潜在客户的开发工作，是整个销售工作的基础，对销售工作的重要性不言而喻。销售人员要在日常的工作中，不断地总结潜在客户开发的技巧，提升自己开发新客户的能力与效率。通过不断开发更多优质的新客户，来促使自己销售业绩。

王丹在自己平常的门店生活中，总是习惯记录一些小问题或者自己感兴趣的事。她在和任何客户交谈的时候都会默默地记下客户的信息，这一习惯让王丹潜移默化的增加的很多业绩。

在她接触过的客户，她都仔细留意这些潜在人士的需求和兴趣点。她会在私下对这些潜在的“业绩”做一些细微的推销。比如她会发送短信或者建立网络聊天群来与这些客户互动产品知识或者一些销售信息。这样就方便地让一大群的潜在客户了解到了她所负责的门店信息。

所说的潜在客户，是指具有潜在购买需求，可能开发为正式客户的目标客户群。潜在客户的发掘与开发，是门店销售终端工作的重要组成部分，对销售业绩的好坏起着重要作用。终端销售人员需要不断地开发新客户，弥补老客户的流失；通过开发新客户来扩展客户群，是销售业绩增长的重要途径；不断学习并提升销售技巧，对潜在客户进行有效的开发和管理，将帮助终端销售员提升工作效率，为其业绩的持续增长奠定坚实的基础。在潜在客户的开发工作中，有三个关键点，销售人员应当尤其注意。

第一个关键点，潜在客户的开发，要能够补充流失的客户。在实际销售工作当中，无论我们的服务做得多么周到，都会面临销售额的波动和客户的流失。在这种情况下，我们必须不断开发新客户，不断地有新的客户补充进来，才能确保销售业绩的稳定和持续增长。终端销售人员要随时关注市场上的客户情况，不断选择那些最有价值的潜在客户进行开发，才能从最大程度上避免市场波动对销售业绩的影响。

第二个关键点，潜在客户的开发，要不断吸收新的市场需求。市场环境总是在不断地发生变化，随着市场的变化，随时都可能产生新的潜在客户，或者形成新的需求市场。销售人员要想取得好的销售业绩，就必须在新客户开发过程中随时把握市场需求的变化，不断获得新的商业机会。

第三个关键点，潜在客户的开发，要不断优化客户结构。尽管我们拥有很多客户，但是，我们通常会发现，绝大部分销售额，却来自少部分客户，这就是典型的二八原理。80%的销售额来自20%的客户。也就是说，客户的质量差异很大。如果我们客户资源缺乏，为了完成销售额，我们对小客户也要尽心尽力地服务。但是，每个小客户服务量可能不少，但产单量很低，这使得我们付出大量的劳动，却得不到应有的回报。如果我们不断地进行新客户开发，我们就会发现更多的优质客户。然后，我们把工作重点转移到这些优质客户身上，减少他们的流失，就可以用同样的时间和工作量，取得更多的订单。不断地去发现那些能给你带来80%销售额的优质客户，并牢牢抓住他们，把那些只能产生20%销售额的糟糕客户让给竞争对手吧。通过不断地优化客户结构，可以让我们相同的劳动付出，产生更高的回报，达到事半功倍的效果。

潜在客户的开发工作，是整个门店终端销售工作的基础，对门店销售工作的重要性不言而喻。终端销售人员要在日常的工作中，不断地总结潜在客户开发的技巧，提升自己开发新客户的能力与效率。通过不断开发更多优质的新客户，来促进自己销售业绩。

创意为王：问题迎刃而解

专家点睛

竞争年代，创意尤为重要有了创新意识的广告宣传，门店的业绩会随之不断上升。

现代科学技术发展，尤其是现代电子信息技术，为现代市场终端营销方法创新和发展提供了技术手段和基础，而且许多新的营销方法就是现代科学技术直接创造的。可以说，如果没有电话、电视、家庭电脑及其他视听产品的普及，如果没有发达的现代邮寄系统，直接营销的发展是不可想象的；如果没有电脑和电脑网络，电子商场、网络营销等营销方式就根本不会产生和存在。科学技术日新月异，新的信息工具、传播媒介不断出现，新的营销方式也就会不断产生，现代市场营销也就会保持多元化发展趋势。

销售也讲创意。现代社会只有你的视角和气息足够吸引到人群的注意，那么你就算成功了少一半。

艺术专业毕业的小慧在无意中进入了一家杂货精品店做终端销售员。几个月后，她慢慢发现门店的业绩不如以前那么好了。商品也没有什么新鲜感，老板也没有任何经营意识。

小慧就在某一次聊天中提出要创新门店的想法，通过老板和大家的支持，小慧开始在门店的装饰上下起了工夫。她把整个门店死气沉沉的气氛布置成了一个精美的精品屋，像童话中的感觉。她还建议老板换上了一些新式的商品，她用心点缀设计一番之后，整个店铺变了一个天地。

可想而知在往后的营业中，小慧的店铺当之无愧是整个商区的领先者。而这一切都来自小慧这样一种创造的理念，才使得门店有了改变的可能和成功的入口。

有谚云“酒香不怕巷子深”，而今，市场竞争日益激烈，“酒香也怕巷子深”。三等做产品，二等做品牌，一等做文化。其实，在门店销售中也是一样需要创意，案例中的小慧是一个很好的例子。仅有优质的产品和服务是不够的，只有配以良好的广告宣传，才能形成自己的品牌并使其丰满起来，从而使门店在波诡云谲的商海中永立潮头。

广告宣传，对一个商家来说，是向消费者推荐自己的不可或缺的模式。广告宣传的好与坏，直接关系的到商家的销量和人气。

不要以为广告宣传是近现代才出现的产物，实际上早在中国古代，广告策划和广告宣传就是必不可少的。甚至政府部门也有此类举措：战国时秦国商鞅变法，立木赏金，就是对他颁布的新法有诚信的一次广告宣传。扛木头的人真的得到了这笔赏金，老百姓都信服新法，所以推行起来也就不难了。古代很多茶肆时常有题着“扬子江中水，蒙顶山上茶”，酒楼上则写着“醉里乾坤大，壶中日月长”，那就是古代的广告语，和今天的“有了肯德基，生活好滋味”

是一回事。

不过中国开始大量的使用广告，却是鸦片战争之后的事情了。过去大上海十里洋场，那也是个广告标语的天堂：各类中外商品的广告牌鳞次栉比，晚上更是“不夜城”。新中国成立以来，商业广告一度因为“左”的路线遭到禁止过，但是改革开放以来，得到了恢复，也逐渐成长壮大。

回到广告宣传上来。作为一个商场、商城之类的地方，销售时最需要的是什么呢？第一是消费者，第二是看客。这看客也有用？没错，就像过去跑江湖卖艺的常说的：“您有钱的捧个钱场，没钱的捧个人场”，看客们就是为商场增加人气的。像休长假的时候，很多人逛商场也未必买或者只买些很简单的商品，但是商家仍然很高兴，因为他们带来了人气。

此外，国人还都有一点：喜欢扎堆。看到某个商店有很多人光顾，自然而然地就会赶去，这一传十、十传百，就成了尽人皆知的秘密。商家的名气响了，无形资产升值了，等于免费做了广告宣传，自然销路就好了。

光有人气和销路还不行，还得有利润，没有商家嫌利润多的。为了增加利润，扩大市场范围，商家也会采取多种途径来进行自荐。

最佳的方案就是广告宣传了。如今的广告宣传方式多种多样：请名人代言、发放宣传单、电视、报刊、互联网直播，还有比较另类的：比如现在某些商场门口周末时的商家与顾客互动，进行文艺表演，就是一种革新的宣传方式。有了创新意识的广告宣传，门店的业绩会随之不断上升。

第四章 旺店的秘籍就是服务，服务，再服务

微笑是最好的服务

专家点睛

微笑是最简单、最省钱、最可行，也是最容易做到的服务，它为企业带来的将是一流的效益。

在门店终端销售中，微笑给人以一种亲切、和蔼、热情的感觉，加上适当的敬语，会使客人感到亲切、安全、宾至如归。可以说，微笑是最简单、最省钱、最可行，也是最容易做到的服务，它为门店带来的将是一流的效益。下面我们看一下微笑所产生的门店经济效应吧。

小离是某门店的老销售人员，她为人性格爽朗大方，乐观向上的态度令她赢得了店铺中所有同事的喜爱。她无论什么时候都是一脸恬静的笑容，在她来看一切仿佛都是那么的轻松。

每当客户对店里的商品提出不满或者质疑的时候，小离总是上

前用和蔼温暖的口吻微笑着对客户一一做出解释。她这种积极乐观的态度令许多原本对此门店不感兴趣的顾客产生了好奇心。因此，也为她所在的门店迎来了不少的回头客。

在门店年会中，店长对每位员工的工作表现做出了整合评论，小离当之无愧是最优秀的员工，她的业绩是全店最高，客户满意评价也是最多的。因此，在往后的工作中，小离得到了更高的赏识和更多的机会。

在商务场合，讲究严肃与庄重，所以此时不宜发出响亮的笑声。即使是爱笑的女士们也要特别保持克制，应当避免不论听到什么事情，都“咯咯咯”地笑个不停；而作为男士，即使为人豪爽，经常开怀大笑，如果是在公众场合，也是不合时宜的。使用微笑服务的经营法则，应当明白以下几点：

1. 微笑服务的作用

微笑服务可以使顾客的需求得到最大限度的满足。顾客除物质上的需求外，也要求得到精神上、心理上的满足。实践证明，诚招天下客，客从笑中来；笑脸增友谊，微笑出效益。

2. 微笑要发自内心

笑有多种多样，要笑得亲切、甜美、大方、得体，只有对顾客尊敬和友善及对自己所从事工作的热爱，才会笑容满面地接待每一位顾客。

3. 微笑服务应当始终如一

微笑服务应作为一个规范，贯穿工作的全过程，并应对所有宾客都一样。要让服务人员懂得：笑要自然，因为顾客是“上帝”；笑要甜美，因为客人是“财富”；笑要亲切，因为客人是嘉宾。因此，职业素质要求我们能做到一到岗位，就把个人的一切烦恼、不安置于脑后，振作精神，微笑着为每一位宾客服务。

其实，每个人都有自己不同的生活方式，同样面对一个事物不同的人会采取不同的做法。这就是我们所说的行为举止。其实对于一个终端销售人员来说良好的礼仪是尤为重要的，这样会给顾客留下很好的印象，这样就会使得他们的购买欲上升，这样就达到了促进门店发展的目的。

说到礼仪培训，我自己感觉，微笑是最好的礼仪。不管是在店铺还是在日常生活中，微笑是最好的表达方式。对于一个门店来说，员工对顾客还以微笑，这是对顾客最诚挚的服务。尤其是发自心底的会心的微笑，会给人亲切感，这样很容易拉近彼此之间的距离。这样相处起来就比较容易。比方说在一家房地产店商，你是一个专业的置业顾问，你时常将微笑挂在嘴边，那么不难想象，你的绩效评估一定名列前茅，而且还会有很多的老顾客，会时常找到你，这就是微笑的魅力所在。

4. 微笑服务能带来良好的第一印象

在服务工作中，第一印象表现为对服务人员的仪表、言谈、举止等方面的观察而形成的感觉。第一印象虽然短暂，但这是非常有影响力的，因为大多数客户可能不会有对你深入了解的机会，只有”一面之缘”。那么怎么在这短短的时间里对你对门店对产品有一个良好的印象，微笑服务必不可少。

5. 微笑服务能给服务工作带来便利，提高工作效率

在门店工作中，由于微笑的表情，终端人员很自然的使用温和的语调和礼貌的语言，这不仅能引发客人内心的好感，有时还可稳定人们焦虑急躁的情绪。而用户情绪稳定、态度配合，有利于服务工作的顺利进行。同时，在服务交往中，微笑也容易给服务人员自身带来热情、主动、自信等良好的情绪氛围，可使工作者身心健康，可提高工作效率。

6. 微笑服务可以带来良好的经济效益

服务人员既是个人又代表门店的形象，这两种角色彼此依赖又互为联系，如果每个员工能做到微笑服务，客人不仅会对服务人员产生良好的印象，而且会将这一具体的感受升华到对门店的认可。反之，如果服务人员表情冷漠，不够主动、热情，客人会认为该服务员态度不好，同样会影响到门店的形象。随着社会的发展，人们的思想观念有了很大的变化，享受服务的意识越来越强，要想在竞争中求生存、求发展，就必须争取以微笑服务赢得更多人的青睐。所以微笑服务是非常重要的。

门店服务从一点一滴做起

专家点睛

服务也需要一个积累。每一个门店要想成功，一定要不遗余力地重视服务细节的改进、改进、再改进。而服务细节改进的方向，就是满足人们对生活精致化的要求，一句话，就是要人性化。

终端服务是一项有着很大弹性空间、感性的工作。它无法用一个具体的标准去界定和衡量。在实际工作中，它会因时、因地、因人、因事而异。可以说每个人都对“服务”有着自己的理解和认识。但无论怎样，有一点是很明确的，那就是你的意识提高了，你的服务才能做好！举例来说，服务员在清扫房间时，发现客人自己洗的一件衣服染色了，便主动拿到洗衣房帮客人去色；发现客人的挎包背带断了，便主动拿出店外帮客人缝补。

像这些可做可不做的一些服务，服务员都帮客人做了，这说明“一切为了客人”的意识已经牢牢在服务员的脑中扎下了根。就像一位品牌俱乐部成员说的那样：“做服务，首先就要培养自己的意识，否则你便看不到一些问题；有了为客人着想的意识，你才能站在客人的角度去想问题，你才能给客人提供‘意外’的惊喜!”

一滴水可以反映整个太阳的光辉，在酒店业中，细节服务则代表着服务的极致，体现着服务的深度和广度。以小见大，客人往往能从一些很小的问题上感受到服务上给他带来的方便和周到。

“优质服务”，似乎是老生常谈。面对压力和挑战，继续强化“客户满意”的服务理念，真正做到了优质服务从细节做起。尤其在市场经济条件下，面对服务日趋同质化的今天，它需要充分洞察客户的消费需求和消费意向，特别是客户对这个产品需求值，因而，服务也是没有止境的。

细节就是在用心上做文章，如果我们在服务中时时事事注重细节，去用心服务，就不会产生客户的投诉与不满意。我们在实际的工作中应该如何去为客户用心服务，其实说起来容易做起来难。

其实，优质服务关键是要具有很强的制度执行力和责任心，要细化岗位职责，实行首问责任制，严格监督考核，同时更应该注重细节，在我们服务中，要特别注重容易发生客户不满意或投诉的细节。化解客户等的怨气，应用委婉语气与客户沟通，如果我们大家都能拥有这样一种心态，拥有这样一种服务意识的话，我们就会多一份善解人意，少一份推诿塞责。就会多一份无微不至，少一份漠视与心不在焉，更会多一份责任与神圣，少一份不满与争执，从用心服务优越，去真正做到爱岗敬业，尽职尽责，赢得客户的信任与满意，我相信为客户用心服务，就具有又好又快更大的发展空间。

一个浅浅的微笑、一句真诚的问候、一个小小的举动……正是这服务的细节才更见精神、显境界、抓人心，此谓“见微知著”、“一叶知秋”，很多时候能收到事半功倍的效果。

在现实的门店工作中，向顾客提供经济实用、安全可靠的优质产品是门店生存和发展的前提条件。虽然科技发展使得产品质量越来越高，但是，做到万无一失目前尚无良策，顾客使用不当、环境不适宜等原因都会导致各种问题发生。因而，有效地处理顾客投诉，及时补救失误等售后服务措施成了保护消费者权益的最有效途径。美国学者的研究表明，如果投诉没有得到重视，2/3 的顾客会转向该竞争对手处去购买；如果投诉最终得到了解决，大约 70% 的顾客会继续光顾该店；如果投诉得到了妥善、及时的解决，继续光顾的顾客比例会上升到 95%。可以说，售后服务是保护消费者权益的最后防线，是解决失误或顾客投诉的重要补救策略。然而在提供这些服务的时候，细节，往往成为了决定最后结果的重要因素。

在我们生活和工作中，也会经常性地得到别人所提供的服务，这其中又会有多少感动你的细节，让你铭记在心呢？我们看看下面的案例。

一次小李住宾馆，由于当地在举办啤酒节，所以酒店紧张，找到第 3 家宾馆的时候，才顺利入住。入住的是一家经济型酒店，也就是常说的快捷酒店。条件不算太好，但是房间设施齐全，整洁干净。两张标准的单人床，她选择睡了靠窗的那张，由于她习惯睡高枕头，所以晚上睡觉时就把旁边那张床上的枕头拿来一起用了。早上起床，洗漱完毕就匆忙出去办事了，等下午回房间的时候，小李有点惊讶地发现，里边那张床上照常放着一个枕头，而昨晚她睡觉的那张床上，却整齐的叠放着两个枕头。一个小小的细节，一个看似不起眼的服务，却让她突然有些感动。服务人员细心的观察，让这个酒店的服务铭记于心。

人们对生活质量的要求越来越高，对产品和服务质量的要求也越来越高。这种高要求，落实到实践中就是对细节的完美追求。服务细节的漠不关心，意味着服务精神缺少，任何一个刚开始看起来并不重要的细节错失，都会让消费者怀疑或全盘否定我们的服务精神。

在门店工作中，每个终端人员要想成功，一定要不遗余力地重视服务细节的改进、改进、再改进凡是不愿意改进、不愿意在细节上努力的员工，往往不会创造出好的销售业绩。

个性化服务是你的最佳卖点

姚专家点睛

在门店竞争越发激烈的今天，门店能否创造良好业绩是摆在老板们面前的难题，很多人感到迷茫，不知所措，其实在姚老师看来，门店业绩增长是有方法的，只要接合自己门店的实际情况，打造门店个性点。找到业绩增长点，那么困惑便可迎刃而解。

销售是讲究创新卖点的。现代社会中，你的服务视角要足够吸引人群的注意。

燕子在一家杂货店做终端销售员。当她几个月后发现门店的业绩不如以前好。商品也没有什么新鲜感，服务和整个的门店气质上有一种死板的状态。

燕子在某一天提出要创新设置门店个性化的想法，通过老板和大家的支持之后，她开始在门店的服务和设置上下起了工夫。她把整个门店设置成了一个全方位的服务模式，像电影中的购物感觉。她还建议老板换上了一些新式的商品和吸引客户眼球的布置，她用心点缀设计一番之后，整个店铺变了一个天地。

我们不得不赞叹燕子的用心，确实个性化服务在终端中扮演的角色越来越重要。在往后的营业中，店铺以一种创新个性化的理念，使得门店有了很大的改变。

我们在做门店经营管理时都会遇到一个共同的难题，门店如何才能提高经营业绩，增加卖点，以及门店如何才能可持续赢利。今天我就将和大家一起来探讨门店如何才能提高经营业绩和卖点？我想应从四个方面来实现门店业绩的倍增。

第一步骤：深挖现有产品的潜力

门店还是在原来的地段，产品还是原来的产品，人员还是同样，那么我们该如何提升门店的经营业绩呢？这就是我们今天说的要深挖老产品的潜力。

在这里我要强调一点，产品并不单单指的是有形产品，还有服务、门店的设计及布局等都是我们产品的一部分。我们可以从以下几个方面着手改善：我们知道：门店的业绩 = 进店客人数 + 购买率 + 客单价 + 重复购买率 + 转介绍率。

从这个公式中我们可以看出只要我们增加其中任何一项指标，那么我们的店铺销售额就会上升。

（1）增加现有顾客的购买率，提升顾客的客单价

我们可以增加产品上架率从而增加顾客多购买，也就是增加顾客的客单价。比如一个顾客本来想到店里购买一件夹克，但在他逛店的时候发现有一件 T 恤衫也很喜欢，这样他可能会同时购买两件，这样销售额也跟这上升。

（2）吸引顾客购买

怎样吸引顾客购买，比较常见的方法就是做促销，可以通过一

系列的促销活动来吸引顾客的眼球，以此来达到顾客购买的目的，但我这里说的促销不能单单理解是特价或打折活动，其实促销方式有很多种，如优惠券、返点、组合促销法等。有一点我要强调的是通过店铺黄金点及模特的陈列一样可以吸引顾客购买的目的。

另外橱窗的陈列也是重中之重。

（3）店铺的设计

店铺真的是设计成欧式风格，像皇家宫殿那样富丽堂皇，越高贵越好吗？非也。店铺的设计应能和你的产品定位，客户定位相符合，太高档了你的顾客会被你吓倒，而不愿走进你的门店，若太低档则影响品牌形象，你的顾客群也同样不买账。

（4）提升服务品质

这就是我们常说的同样的产品我们比质量，同样的质量我们比价格，同样的价格我们比品牌，那么品牌知名度、质量、价格相差无几的情况下，我们肯定要比服务了。门店的最终竞争的是服务品质的竞争，在当今激烈的市场竞争中，谁敢说，自己不需要服务，只靠产品就能赢的市场。在几年前电信、邮政和银行可以说他们是不需要提供服务的，因为他们是独一家，你到了那也得不到好的服务，而现在呢，他们同样面临竞争的压力，也在逐步打出自己的服务牌。可以说谁在顾客心目中有了良好的服务品质形象，谁就赢得了市场。

第二步骤：增加新产品

（1）改进产品的性能，增加产品的功能及花色、品种、规格、型号等。

（2）提供新产品。

第三步骤：拓展新市场

别指望你的产品在区域市场上的市场占有率能达到100%，当你的市场份额达到一定的时候，市场的增长空间就会很小，这时你可能通过加盟连锁的形式来开拓新市场，来提高业绩增长。

我们大家非常熟悉的阿伦故事酒吧，他就是典型的通过开加盟连锁的形式迅速扩大市场，做强做大的。阿伦最初在2002年在成都开办第一家阿伦故事酒吧，最初生意并不是很好，后来他利用网络广告迅速在全国开办加盟连锁店，目前已有1100家，成为中国最大的主题酒吧连锁企业。

第四步骤：资源整合

资源整合可以向你产业链前端整合也可以向你产业链后端进行整合你的营销渠道，同时也可以横向整合。

大家非常熟悉的休闲服装品牌美特思邦威，就是典型的营销渠道整合。它自己不生产服装，所有服装都是找别人替他做的，邦威的老总周建成说："要做就做产业链最有意义的那部分"，他把最有利润的那部分品牌推广、渠道资源整合牢牢抓在手中；把生产琐碎环节让了出去，可以说邦威公司其实就是品牌运营商。

现在市场竞争越来越激烈，门店能否创造良好业绩是摆在老板们面前的难题，很多人感到迷茫，不知所措，其实门店业绩增长是有方法的，只要结合自己门店的实际情况，找到业绩增长点，困惑便可迎刃而解。希望以上四步骤可以给大家带来启发。

真诚地把客户当成自己的朋友

专家点睛

在门店工作中，真诚地把每一个顾客当成朋友，你才能赢得顾客的信任，进而赢得顾客销售意识，这也是店员顾客营销的一个基础的条件。

首先，我们看“顾客是上帝”这个说法。“顾客是上帝”，问题是从来没有人看见过“上帝”，更不用说这个“上帝”有什么喜好、兴趣，甚至我们连“上帝”是男是女都不知道。试想，我们做营销，连顾客的性别都不清楚，对顾客的所有情况一概未知，这样的“顾客”我们能够满足他们的需求吗？显然这是不可能的。

李媛是某女装门店的终端销售人员，她最大的特点就是能说会道，总是和顾客有说有笑的完成交易。用她自己的话说就是：“我总是喜欢交朋友，我总是把来购买货物的顾客当做是我的朋友一样去接待。从而我和每一位客户中间都没有什么隔膜，他们自然会信任我了。”

在一次销售中，李媛面对一位不太自信的中年妇女，这妇女明显感觉到有种与陌生场合不太适应的表现。这时李媛上前去，“大姐，你想买点什么?”您看您相中了哪个我来帮你参谋参谋……”李媛一番暖心的话说的这位妇女有些放松了。她们就像姐妹俩一起逛街一样完成了这次开心的交易。

在门店销售中，把客户当成自己的朋友你就会赢得客户。上面李媛的案例就是一个很典型的门店营销案例，我们是可以借鉴的。终端营销，说到底，是很现实的、很实际的一项工作；针对的“顾客”也是特定的群体，非常确定的一个群体，并非我们脑海中“幻想”出来的“上帝”。

所以，“顾客是上帝”这个说法是经不起营销的推敲和实践的考验！

其次，我们看“顾客是衣食父母”这个说法。这个说法要是被那些严肃的老夫子、受到中国传统文化深刻熏陶的人听见，肯定要痛骂我们的。很简单，如果随便来个“顾客”，我们都将他们当成自己的“父母”，反倒对自己的亲生父母不孝敬、不尊重，这样的世道还正常吗？想想都觉得悲哀。

更何况，“顾客是衣食父母”，我们将顾客当成自己的“父母”。问题是：子女对于“父母”来说，始终是以“孝”为重的；“父母”对于子女，永远是“爱心”，“可怜天下父母心”。真要牵扯到金钱、利益，子女又有这么大的胆量来和“父母”讨价还价、一切以金钱利益为核心吗？显然不会！

再说了，顾客也不乐意去当你的这个便宜“父母”呢！谁吃饱了撑的，要去当无数陌生人的“父母”？

再次，我们看“顾客永远是对的”这个说法。前几年，很多企业将这句话视为经典名言，张贴在办公场所，写在企业文化中，大会小会铺天盖地宣贯，好像有了这句话，企业就能“基业常存”，顾客就会忠诚到老；现在很少有企业这么干了。为什么呢？因为这句话问题太多了。

“顾客永远是对的”？举例说：顾客购买你一件产品，要求你脱光衣服在广场裸奔；或者是顾客购买一个奥拓，要求你赠送一个奥迪，你认为顾客是对的？

别犯傻了！“顾客”怎么可能永远是对的呢？没有任何人永远是对的，这个道理太简单了。说这种话的企业，纯粹就是自欺欺人！

现代营销，更多的是要求我们将我们的产品优势、性能等讲解给顾客听，满足顾客的潜在或现实的需求，然后让顾客掏钱购买我们的产品。如果按照“顾客永远是对的”这个说法，那顾客还可以花 1 元钱就购买 150 平米的大房子呢！

所以，上述三种说法，漏洞太大，错误百出，不敢苟同。

那么，顾客究竟是什么？我们又该怎样看待顾客呢？

我比较倾向于：把顾客当成亲朋好友！

理由如下：

1. 营销人员的需要

把顾客当成亲朋好友，表示我们与顾客处于平等地位，双方心态平和，沟通无缝。很多时候，我们在面对顾客的时候，都存在畏惧心理，为什么呢？因为我们总想着顾客是“出钱的大爷”，我们得让这些“出钱的大爷”舒服了、爽快了，他们才会给花钱购买我们的产品，所以我们在内心深处，已经印上了一层畏惧的心理。

把顾客当成亲朋好友，完全解决了这个问题。因为"顾客"你是我的亲朋好友，我们都是平等的，即便你现在是亿万富翁，或者政府高官，我是底层打工者，但是我们是"亲朋好友"，所以我不"怕"你，我们可以自由谈话。

切记：平等心态对于营销人员来说，至关重要！如果不能保持平等心态，我们营销人员将始终一事无成！

2. 顾客的需要

顾客其实也希望我们将他们视为"亲朋好友"。道理很简单，因为顾客购买产品，是因为他有这种需求，他希望厂商能够满足他的这种"需求"；但是，顾客在绝大部分时候，又是"外行"，他不清楚这个产品的性能好坏，他也需要通过我们营销人员来辨别、区分这些产品，即顾客在购买产品时，也希望得到我们这些"专家"的指导！

问题是：很多时候，我们忘记了这一点，总觉得"顾客是上帝"，"顾客"要高人一等，所以我们心存畏惧，我们不能充分地、全面地向顾客介绍产品，导致他们对产品也是一知半解。事实上，我们并没有真正满足顾客的需求！

把顾客当成亲朋好友，这下子问题解决了。我们和顾客心态都放开，我们可以轻松自如地、全面充分地介绍我们的产品，并且顺便对顾客进行"专业知识普及"；顾客也可以放松自己，将自己的所有问题、疑难点全面提出来，让我们给予答复。双方各得其所，不亦乐乎？

3. 市场良性发展的需要

“把顾客当成亲朋好友”，一方面我们不会欺骗顾客，因为顾客是我们的“亲朋好友”，我们真要欺骗了顾客，后面相互见面，肯定不好意思打招呼了，冷了人情；另一方面顾客也将我们视为可以信赖的“亲朋好友”，双方成为长期合作伙伴，这更加有利于双方，当然更有利于企业长远发展和市场良性发展。

把顾客当成亲朋好友，我们会创造出更加优异的营销业绩！

多一点心眼，多一倍业绩

专家点睛

1. 端正服务态度，让顾客满意是永远的心愿。
2. 把服务视为一种修行，一种表达感谢的行动。
3. 顾客的批评价值千金，一定要处理好顾客的抱怨。

一个刚入职不长的店员朵朵，在一个下雨天，店铺客流稀少，来了一位老顾客，朵朵热情上前接待。老顾客看是一个新店员，在服务上面老是挑三拣四说不好，而对于朵朵介绍的东西一个都不认可，经过几次造型打造的变化后，顾客没有再说什么了，刚准备走出店门，才发现外面的雨下大了，先前因为下得小没有带伞来。看着顾客焦急的表情，朵朵主动诚心提出拿伞送她回家，在顾客的再三推托下还是挡不住朵朵热心，只好欣然接受了。等朵朵送回顾客回店已经全身湿透了，第二天顾客来店就直接找到朵朵说，昨天你给我试的几款产品，今天全给我包起来吧，有了这次的经历，朵朵也体会到给顾客付出不要计较太多，所得回报是意想不到的。

对于门店工作就意味着服务，不可否认的是在服务中往往多一个心眼会给自己带来意想不到的业绩，上面的朵朵就是一个很好的案例。其实不仅仅是门店，在别的行业也是一样的。前些时间中国最成功的一批企业家：蒙牛的牛根生、阿里巴巴的马云、分众传媒的江南春、万科地产的王石等企业大腕集体拜访李嘉诚，他们问到李嘉诚一个问题：如何能够更成功？李嘉诚其中一个回答是：看你有没有更谦恭地为大家服务的态度！这句话应该是李嘉诚的成功心得，即使是世界级人物，声名卓著的大企业家要更成功也必须具备一个必要条件：为大众服务的心态！这再一次证明了服务是多么重要，服务的价值是多么的巨大，这些企业领袖的思考和回答或许对我们有所启发。

如今没有哪个商家只是单纯地向顾客出售他的商品的，成功的企业往往是通过与顾客建立一条感情的纽带，并借助这一纽带传递他们尊重顾客的信息，使顾客在购物的同时，对商家的服务感到满意。

对于我们是企业员工而言，根植内心的服务意识是一种没有尽头的追求，让顾客满意更是永远的心愿，今天是这样，未来也不例外。企业员工应该是把服务当做一种习惯，把克服服务中的障碍视为一种修行。

另外还要注意，自己必须善于适应顾客，而不应该要求顾客适应自己，顾客的批评价值千金，顾客对企业的产品和服务提出意见，应该看成是对企业的关心，是对企业的一种好意，同时，也正是企业改正错误的良好时机。

要点归纳：

（1）端正服务态度，让顾客满意是永远的心愿。

（2）把服务视为一种修行，一种表达感谢的行动。

（3）顾客的批评价值千金，一定要处理好顾客的抱怨。

下　篇

旺店女王旺铺也有道

第五章
成交藏于细节：如何解读女客户的消费心理

女人的消费现象

专家点睛

在门店终端销售行业之中，抓住消费者的心理和观察好女性消费的基本规律是赢利的重中之重。

在现代消费市场调研中世界普遍认可的消费群体数据显示，女性消费群体是各类市场经济主导的首要消费群。无论是零售业门店，或是制造厂家企业等，女性市场已成为当今最大的世界消费经济源。然而在此对女性消费者原有的基本特点有以下几点概括：

1. 情感消费

在购买的过程中情感是女性消费者最为重要的表现部分。女性消费者易受打折、情绪、广告等影响而进行的“非必要”的感性消费。非理性消费占女性消费支出的比重达到20%。其中，受打折信息的发出而产生的购买行为较为突出，女性一般知道哪家店打折多就赶去。中国女性消费者普遍存在着占小便宜的心态，所以一般的商场促销，大量的广告销售，及其店员的热心叫卖，都会吸引我们广大的女性消费者的注意，在情感的促使下进而容易产生购买行为。

情绪化消费在女性消费者当中是很常见的一种消费行为方式。情绪化消费主要有两种表现形式：一种是在某种特定情绪下的错觉而引发的情绪化消费，常见的是发了工资就上街购物。发工资的时候，突然感觉自己好像一下子钱多了，就应该出去逛街，去买一点东西，慰劳一下自己，或者是“已经习惯发了工资就买服装或化妆品”。另一种情绪化消费则表现在与平常心境不同时的消费行为。许多女性心情不好或是碰到不愉快的事情时，就把逛街购物当成一种缓解压力、平衡情绪、宣泄无奈的办法。

2. 对美的不懈追求

俗话说的好，“爱美之心，人皆有之”。在当今社会，女性特别是青年女性，喜欢追求时尚，表现自己，对美的渴望十分强烈。女性除了注重提升自身美之外，对商品本身的色彩美、包装美、艺术美也很重视，强调商品能与自己的个性、气质、家庭环境和谐统一。因此，商品的细微优点和美感，都很容易抓住女性，唤起她们的某种情感。她们会忽视商品的价格、功能等基本的方面，仅仅因为一丁点儿的与众不同而引发购买欲望，从而产生购买行为。

3. 注重商品的便利性

随着人们生活观念的变化，现代女性的自主意识增强，在家庭中，她们强烈希望拥有不受丈夫或孩子影响的时间，做家务以外有益于自己的事情。因此，女性消费者在选择商品，特别是日用品时，对其方便性有更强烈的要求。

4. 女性消费的新特点

女性消费者群体在逐渐趋于理性化的消费观念之中，她们会在众多选择中完成自己的消费。“享受生活，追求时尚”是现代女性在日常消费中的显著特征。网络对现代女性消费行为的影响也很大。

小张在下班经过家门前的小街时，看见一块显眼的牌子上用精致的笔迹写着“新到夏季清凉唇彩打折售出”这样的字眼，她忍不住自己女孩的天性就去那家店挑选了起来。店员小胡凑过来对她说：“美女，这款唇彩是新到的本夏季特别款，刚好适合你这样的阳光女孩呢。”

小张被店员这番情绪的调动引的欢喜不已，愈加对手中的产品表示喜爱。店员小胡这时又向她介绍起了这款唇彩的新异和时髦，并且还是本季主打的折扣亮点，产品厂家同时也在网络电子商务领域开设了平台，可以通过购买积攒和代购店铺或厂商进行奖品互动等的产品介绍。小张心想，这唇彩小巧又别致，不如买回去几个送朋友也不赖。说不定购买越多还会有什么意外奖品出现。

小胡的化妆店铺在营业之中不断有新鲜货物吸引着众多新鲜顾客的光临，她从女性消费者的现象中利用起了女性的爱好和心理趋向，而在门店销售终端行业之中，抓住消费者的心理和观察好女性消费的基本现象是赢利的重中之重。

要完全把握女性消费的特点，首先就要了解男、女消费行为上的差异。一般而言，男性属于理性消费者，男性消费者在购买商品以前，一般都有明确的目标。而女性消费者却容易受感情和环境的影响，产生冲动性购买。另外，女性消费者购买商品时比较挑剔，她们不但希望商品具有特殊性、流行性，而且还要求价格便宜、实用性强，所以说，挑三拣四、货比三家、犹豫不决是女性消费者共有的特点。

环境因素对购物行为的影响大。女性在选购商品时，易受环境因素的影响，包括店铺环境、购物现场气氛、营业员的言行以及其他消费者的意见等。与男性相比，受到促销及同伴的影响而发生冲动性消费的情形在女性中较为普遍。

女性消费者对消费市场的好奇心远远强于男性，她们渴望尝试不同的生活方式和体验，比如在服饰、发型、装饰等方面多样化，他们对新鲜的东西通常抱有强烈的兴趣，并身体力行。另外，随着社会发展和人们生活水平的提高，现代女性尤其是都市中青年女性，在购买过程中通常根据自己的身份、气质、职业和经济承受能力等方面来选择适合自己的商品，追求自己的个性化消费，突出自我。

在一些美容门店之间的竞争中，发现了一些由于截然不同的服务方式而带来的差别。女性消费者非常愿意享受店员朋友式的服务，尽管这种服务收费不菲，也愿意出高价购买出售的产品，尽管这些产品在质量上有一定的差距。但是美容院抓住了消费的过程，抓住了消费过程中的女性心理，从而使其在这个竞争激烈的行业里有了一席之地。

怎样发现成交信息

专家点睛

我们要能够察言观色，从顾客交谈话语或行为动作中敏捷、准确地判断反映出顾客的需求，“听其音，达其意”，成功把握成交信号。

顾客被陈列的商品引起注意，产生兴趣时，销售人员靠近，将顾客的购买心理从联想到欲望提升到最高。但在比较到信任的阶段时，顾客会考虑买或不买、有没有其他更好的选择，这时他们会出现迷惑的表情，这时我们要能够察言观色，从顾客交谈话语或行为动作中敏捷、准确地判断反映出顾客的需求，“听其音，达其意”，成功把握成交信号。

虽然在与客户沟通的过程中，销售人员总是千方百计地围绕着客户的需求展开推销活动，似乎销售人员处于绝对的被动地位。可是，在客户看来却不尽然，他们经常感到销售人员就像在对自己展开进攻，因此，他们经常将自己置于一种严密防守的被动状态当中。

客户在心理上的严密防守其实正反映出了他们期望得到关注的需要。销售人员应该明白，在你向客户施展各种推销技巧的时候，你的目标通常很明确，即说服客户购买你的产品。可是对于客户来说，他们此刻的心理却并非如此“单纯”：一方面，他们希望自己的某些需求被关注并最终得到满足；另一方面，出于种种顾虑和猜疑，他们又对销售人员的推销活动躲躲闪闪。

客户在与销售人员交流的过程中虽然有着某种相互矛盾的复杂心理，但是产生这种矛盾心理的最终根源还是他们的不安全感。客户的这种不安全感使得他们从内心深处更加渴望得到销售人员的关注。一个优秀的销售高手会理解客户的这一需求，因此他们会力求在每一次的客户沟通过程中都主动给予客户足够的关注。

顾客的表情、动作行为常常会泄露出他们的内心真实想法。门店终端人员掌握顾客购买意愿，掌握成交良机。比如当顾客视线移至商品或是销售人员脸上时。顾客要求看此款衣服的宣传画册或拿起商品感兴趣地比拼，想确认穿着效果。顾客不断询问问题之间，突然有些出神、发呆。她也许在考虑你的回答是否真实可信或对商品特性加以确认。顾客视线置于空间某位置，默默不语陷入沉思，此时顾客正在盘算商品的品质及价格。顾客询问身边朋友“这件衣服如何”这种语气是在征求旁人意见。

在与客户进行销售过程中，当客户有意购买时，他们通常都会因为内心的某些疑虑而不能迅速做出成交决定，这就要求销售人员必须要在销售过程当中密切注意客户的反应，以便从中准确识别客户发出的成交信号，做到这些可以有效地减少成交失败的可能。及时、准确地利用客户表露出的成交信号捕捉成交机会，必须要靠销售人员的认真观察和细心体验，在销售过程中一旦发现成交信号，应及时捕捉，并迅速提出成交要求，否则将很容易错失成交的大好机会。

在销售过程当中，客户最容易通过语言方面的表现流露出成交的意向，经验丰富的销售人员往往能够通过对客户的密切观察及时、准确地识别客户通过语言信息发出的成交信号，从而抓住成交的有利时机。销售人员可以从客户表达的哪些语言信息中准确捕捉到成交的信号呢？

1. 某些细节性的询问表露出的成交信号

当客户产生了一定的购买意向之后，如果销售人员细心观察、认真揣摩，往往可以从她对一些具体信息的询问中发现成交信号。比如，他们向你询问一些比较细致的产品问题，向你询问产品某些功能及使用方法，打折，或者向你询问其他老客户的反应、一些具体细则，等等。在具体的交流或谈判实践当中，客户具体采用的询问方式各不相同，但其询问的实质几乎都可以表明其已经具有了一定的购买意向，这就要求销售人员迅速对这些信号做出积极反应。

2. 某些反对意见表露出的成交信号

有时，客户会以反对意见的形式表达他们的成交意向，比如他们对产品的性能提出质疑，对产品的销售量提出反对意见，对产品的某些细微问题表达不满等。当然了，客户有时提出的某些反对意见可能是他们真的在某些方面存在不满和疑虑，销售人员需要准确识别成交信号和真实反对意见之间的区别，如果一时无法准确识别，那么不妨在及时应对客户反对意见的同时，对客户进行一些试探性的询问以确定客户的真实意图。

有时，客户可能会在语言询问中采取声东击西的战术，比如他们明明希望产品的价格能够再降一些，可是他们却会对产品的质量或服务品质等提出反对意见。

女孩子平时买衣服的时候，明明心里相中了，但嘴里却说这个衣服布料不好呀、颜色不好呀之类的种种。其实也就是想讨价还价。如果她们表现得很喜欢的样子，衣服价格肯定砍不下来。

当客户在谈判过程中忽然表现出很轻松的样子时、当客户在你进行说服活动时不断点头或很感兴趣地聆听时，或者当他们在谈判过程中身体不断向前倾时，这些表现都是在传达一种购买意向的指示。

研究客户的心理

专家点睛

销售是一种对顾客需要的欲望的导向，正是基于这种导向，我们必须打好“心理战”。

小梅是一位刚进本品牌店时间不长的新员工，但在进这家服装店之前也有在其他店铺做过服装销售的工作。所以算不上是本行业的新员工了。她现在进的这家品牌服装店主要是针对年轻女孩设计的，风格偏于青春浪漫。一次一位三十岁左右的小姐走进店中，漫不经心地到处看着，随手翻弄着几件店内的适合年轻女孩的新款卫衣。小梅很快走上去接待，并努力把顾客从卫衣货架前引开。“小姐，请您跟我看看这边的几件衣服，这都是我们店内的新款服装，样式端庄大方，非常适合办公穿着!”但是这位顾客只是敷衍地看了几眼小梅推荐的服装，又走回卫衣货架看了几眼，然后转身离开了。

小梅因这事变得苦恼了，因为这些天接二连三都是这种情况，小梅不但苦恼还很委屈：我之前的品牌销售店铺店长跟我说过的，卖衣服也要“看人下菜碟儿”，在她这个年龄段本来就是该穿端庄点的衣服嘛！但为什么这些天总是出现类似这种情况呢？小梅百思不得其解。于是想到了店里销售高手小森，下班后，找到了一个时间和小森沟通，向她取经。小森笑着说：也没什么的，可能我们过去参加的销售技巧培训时，都有过多地强调要观察顾客的年龄、阶层、消费能力、偏偏忽略了顾客的消费心理。不是所有的中年人都喜欢暗深的颜色，不是所有的职业女性都一定要购买正装……每个人都有不同的兴趣爱好与消费心理，程式化销售效果当然不佳。

今天你接待的这个女顾客，她的年龄虽然在三十左右，但她感兴趣的明显是款式青春活泼的服装。女人都是爱美的，她在工作中需要穿得端庄大方，但在生活中，她或许希望穿得更青春一些，让自己看起来更年轻，抓住青春的尾巴。而我们却忽略了她的这种心理，一定要向她推荐所谓的“合适”的服装，这样就会出现你苦恼的现象——无法留住顾客。小梅听后说：噢，原来如此，那么请问我们的女顾客一般有哪些消费心理？小森说：有追求时髦，追求美观，感情强烈，喜欢炫耀。小梅继续问道：男顾客、青年人、中老年人呢？小森一一都谈出了自己的观点：男顾客一般有：注重商品/服务的效用；决定果断；购买独立；不太注重价格。青年人一般有：追求时尚和新颖；表现自我和体现个性；容易冲动，注重情感；购买行为易受社会因素的影响。中老年一般有：富于理智，很少感情冲动；精打细算；坚持主见，不受外界影响；品牌忠诚度较高。所以说顾客的消费心理，是需要我们平时用心去揣摩，用心去总结的，不能死搬硬套的。

小梅连忙点头说：你说得太有道理了，非常好，我还想请问一下，怎样才能成功地把握顾客的消费心理呢？小森接着跟她分享：需求就是销售的指南针，就好像病人看病一样，医生必须先了解病人的病情，才可以有针对性地下药，销售的道理也是这样，了解了顾客的需求，才能有针对性地进行销售。否则销售就是没有方向与明确目标的，会变得非常迷茫的，甚至是费尽嘴舌，费尽力气却不见效果的。

我们了解顾客需求的方法有两种，第一种是“看”，第二种是“问”。“看”，即观察顾客，从对顾客的观察中了解顾客各方面的信息。比如，顾客接触的第一件商品，观察顾客留意最多的商品区域是哪里，观察顾客是否专注或是走马观花，观察顾客的动作、神情与状态等这些时候都可观察把握到顾客是什么样的消费心理。

第二种方法是“问”，就好像医生看病的时候一样，也是要看病人各种表面的表象结果，还有问病人，什么时候开始发病的，有什么样的感受，有什么样的现象，生活习惯、工作生活环境等相关信息，所以我们除了“看”之外“问”就是最直接了解顾客需求的方法，同时也是我们与顾客沟通展开话题最好的方法，而且有技巧的问通常会产生很大的作用。当然，问也有很多种方式，有开放式的提问，也有封闭式的提问，还有二选一的提问，还有反问等。

比如：“请问一下美女想买个什么样子的包包呢？”

“请问美女买包包是在什么场合用的呢？”

“请问美女平时最喜欢什么样的包包呢？”

“请问美女买包包是拿来送人还是自己用啊？”

另外我们还要注意的是：在问的时候，就顾客的回答，我们要马上接上话，或者有所动作，不能为了问而问；在问的时候，我们要面带笑容，表示出真心关心顾客；要问开放性问题，不要问封闭性问题，尤其是死亡问句。上面几句基本都是开放性的问题，一般来说，这样的问句可以打开顾客的话题，令顾客心扉敞开。那什么是封闭式问句呢？比如问顾客“喜不喜欢”“好不好看”“要不要”之类的。这样的死亡问句只会导致顾客拒绝。所以呢，我们不要自寻死路了。

以上是在销售过程中总结出来的，希望能帮到你。当然也希望你在随着销售工作的时间推移将会有更多更好的方法。到时也来跟我分享一下了，我们互相学习互相鼓励。小梅说：没问题的，今天非常感谢！看来从明天开始我得每晚花上五分钟对当天接待的顾客都做一个小结，慢慢的我相信也会有你这么厉害。

销售是一种对顾客需要的欲望的导向，正是基于这种导向，我们必须打好“心理战”。“心理战”是完成销售的必经战役，这就要求我们对顾客心理要有完善的把握，在最大程度上满足顾客的需求，并且引导顾客发现他们所没有发现的需求。

如何从谈话中听出消费的弦外之音

专家点睛

提高门店销售业绩，应该努力提高接待顾客的沟通能力。注意沟通的细节问题、认真倾听。

有一顾客走进一家卖包的店铺，想购买一件皮包来配衣服，店员小分热情地迎上来，满脸职业的微笑，主动介绍店里的各种包包，从款式特点到功能优势，从价格比到售后服务，一一道来，还引导顾客一个一个试背。起初这一顾客被小分那热情而熟练的介绍所感动，对产品产生几分好感。本想问点什么，可是小分连珠炮似地讲着，她总也插不上嘴，小分就这样喋喋不休地讲下去，似乎你不掏出钱包她就绝不罢休。于是，这位顾客的心里就有几分不悦了，只是出于礼貌不好意思走开。

幸好小分旁边的同事小美出手，将这一顾客带到一边挑选，小美一边与顾客闲聊天一边跟在顾客身后介绍这每一件顾客看中的产品。她从顾客的每一句言语中听出顾客的购买意向，并最终敲定了这笔生意。

顾客走后，正好是午休时间，小分敢紧约上小美一起去吃饭，想着顺便可以问问小美是怎样搞定这个顾客的。

小美笑着对小分说："其实刚才你也做得很好"。小分说："是呀，自我感觉也没什么问题，而且开始顾客也是配合得很不错，我还心想这张单肯定没啥问题了，可就是不知最后会是这样的结果。你给我讲讲，这是怎么回事?"小美说："我们都知道留住顾客、扩大销售是我们要达到的目标，但要做到这一点，没有我们与顾客的全面交流和沟通，是难以做到的。而为了提高我们的销售业绩，我们就应该努力提高我们的接待顾客沟通能力了，这对我们来讲是至关重要的。"

"我们门店销售人员一定要懂得怎么在与顾客的闲聊之中听出她们的购买意向，也就是如何在谈话中听出消费者的弦外之音。刚才你态度热情、专业知识熟练，但是在与顾客沟通方面却存在较大问题，你并没有听顾客在讲什么，而是在一味地表达你自己。"小分听后连点头表示认可。

提高门店销售业绩，应该努力提高接待顾客的沟通能力。与顾客的沟通过程中，我们应该注意的要点就是怎样在话外之音中找到顾客的购买意向。

如何解析客户的肢体语言

专家点睛

肢体语言不仅可以补充人们交流时语言内容，强化言语的情感色彩，而且可以通过肢体语言，把自己的内心世界显现出来。

在交流的世界中，我们不仅能通过语言表达这一种方式获得对方内心的表述，并且还能通过很多种方式达到了解对方的目的。比方说：肢体语言洞察方式。

所谓的肢体语言是指人通过喜、怒、哀、乐、举手、投足等肢体动作自觉不自觉地表现内心世界的一种语言形式，也就是一个人的心理变化在肢体上的外在表现。据统计，在我们日常的沟通中，非语言性的占了70%！

肢体语言不仅可以补充人们交流时语言内容，强化言语的情感色彩，而且可以通过肢体语言，把自己的内心世界显现出来。所以，关注谈话对象的肢体语言，是了解对方心理变化的重要手段。

王丽到一家外贸服装店铺参加招聘面试，面试前，她几乎把所有可能遇到的问题都想到了，临进考场时，她尽力使自己的情绪稳定下来，力图给对方留下一个稳重大方的印象。但是主考官一句不经意的话，却让她的这次面试变成了泡影。

她刚坐下，主考官就要求把椅子朝前挪一下，这个意料之外的要求让王某一下子蒙了，她弓起身子，双手搬着椅子的两侧，朝前挪了挪，椅子腿蹭在地板上，发出了刺耳的声音。当时她并没有在意，还是那样从容不迫地回答着考官的问题，但是她却猛然发现，考官居然跷起了二郎腿，眼神也变得左顾右盼起来，王丽这时才醒悟过来，但是为时已晚。她失去了这份工作机会。

事后，王丽深有感触地说，“我当时把应聘可能考虑的细节全都注意了，当时衣着整洁干净，自荐材料制作精美，回答问题也可以说是干净利落，回答问题的时候一直盯着考官，但万万没有想到主考官要我挪椅子竟然是一种考法，就是那一次不经意的挪动，让我内心的紧张暴露无遗，太可惜了。”

在与人交谈的时候，我们除了揣摩对方语言的含义之外，重视观察对方的肢体语言也是非常重要的一环。对方的真实意思可能会被巧妙的辞令所遮掩，但对方的肢体动作却可能将它暴露无遗。

观察肢体动作，首先要看的是眼神。俗话说：“一个目光表达了1000多句话。”从医学角度来看，眼睛在人的五种感觉器官中是最敏锐的，因此，眼睛被称为“心灵的窗户”是最恰当不过的了。

1. 从“心灵之窗”看到他人内心世界

在表示反感和仇恨时，瞳孔缩小，还露出刺人的目光。相反，睁大眼睛则表示具有同情心和怀有极大的兴趣，还表明赞同和好感。

眼神镇定毫不慌乱，说明对方胸有成竹，胜券在握，如果对方眼神迷离，不能长时间注视一个地方，说明对方遇到了很大的困难，对解决问题毫无把握。

如果对方眼神犀利，说明对方心里正考虑着一件跟他个人关系极为密切的事情，最好不要打扰。

如果对方眼神委靡，说明对方异常疲惫，懒于进取，最好不要触及他厌烦的话题，如果对方的两眼冒火，那就赶紧退避三舍，千万不要引火烧身。

除了眼神，五官中的其他器官也会暴露出一个人的内心世界。比如，一个人在谈话过程中突然摸一摸鼻子，说明他的情绪有些急促不安，如果摸摸耳朵，则很可能在说谎。而嘴巴的表现就更丰富了，仅仅一个“笑”就能把人的性格透漏个八九不离十。

2. 从笑容中看出对方的内心

在交际过程中，当一个人“哈哈”大笑时，他的心态是开朗轻松的，这时你可以放心大胆地跟对方交谈，只要不是让对方扫兴的话题，一般情况下他是乐意和你交流的。

当一个人“嘻嘻”嗤笑的时候，说明他目中无人，对别人倒霉的际遇幸灾乐祸，唯恐天下不乱，和这样的人交流，就需要多加小心，一不留神就容易成为对方嘲讽的对象，而且在你困难的时候，他是不屑于伸出援手的。

有的人喜欢“嘿嘿”笑或者干脆“哼”的一声，这样的人需要提起高度警惕，在他的心目里，你已经被排除出了“朋友”的行列，这样的人是不值得信任的。

3. 从肢体动作和姿势看出对方的意图

肢体语言的另一个组成部分是四肢和身体的姿态，比如鼓掌表示兴奋，顿足代表生气，搓手表示焦虑，垂头代表沮丧，摊手表示无奈，捶胸代表痛苦……心理学家专门编纂了《肢体语言会话手册》，对各种各样的肢体语言做出了“翻译”。

先看看头部，笔直表示中立，侧倾表示感兴趣，垂头在表示没兴趣和否定。

再说肩膀，舒展说明有勇气和责任感，下垂则说明不堪重负，收缩表示怒火中烧，耸肩表示不可理喻。

还有腿部，如果一个人叉腿站着，说明他不自信，紧张而不自然，如果一个人是收紧脚踝站着，说明他在发火，在千方百计控制自己。

手部的肢体语言更为丰富：手指叉在一起，手背朝上一般是监考老师常做的动作，用手指轻轻触摸脖子说明对方对你说的持怀疑或不同意态度。当他把手放在脑袋后边，他可能要和你辩论了，用手托腮，手指顶住太阳穴，说明人家在仔细斟酌你说的话，轻轻抚摸下巴则说明对方在考虑做决定。

人的肢体语言很丰富，上面这些规律，只是一个笼统的概括，具体到一个人的时候，有时并不完全一样，比如有时我们看到对方跷起了二郎腿，觉得对方似乎对我们的谈话厌倦了，可是他的眼睛却依然炯炯有神，这是为什么呢？很可能是因为对方坐的时间太久了，需要放松一下腿部的肌肉。

所以，我们在根据肢体语言判断对方性格和心理的时候，一定要注意观察各方面的表现综合考虑，如果生搬硬套、照本宣科的话，就容易产生误会，甚至闹出笑话来。

第六章 她销售就应该这样说：买产品卖口才

如何介绍你的产品

她专家点睛

展示产品最大价值是让顾客愉快购买。然后保持微笑观察顾客的反应，时刻送上温馨的服务。

“小姐，你看这个包包真的很漂亮，也是我们今年最新上市的一款！”刚转到这家包包店铺不长时间的小一正在给顾客介绍一款新上市的包包。“好看是好看，但价钱也太贵了！”顾客确实很喜欢这个包包，拿着翻来覆去看着。“怎么会呢？580 元对您这样的白领来说只是一个小 CASE 吧！”“这跟我赚多少没关系，我就觉得这个包包好像不值这么多钱，太贵了。砍掉一半价钱还差不多。”“……”小一的热情一下子没了，“要不您再看看别的吧！”顾客也察觉到了小一的改变，想了一下不高兴地离开了店铺。然后小一转身对着其他伙伴说：“这里的顾客看上去有钱，其实很舍不得的。

我来的这些时间碰到的大多数顾客都这样，都不知小友是怎么做成区域的销售冠军的。”旁边的小友笑着说：“没什么的，你也会的，相信自己，找个时间我们可以沟通一下。”

小一说：“好呀，在这种市场你能做出这种业绩，我是有点好奇，一直想找个机会和你沟通一下的，呵呵！”下了班后，小一约上了小友。小友说：“其实我们每天在一起工作，我也看到你是怎么做业绩的，都做得很不错。就是我感觉你失败的单或者是成交的单，顾客在谈到产品时，都有点不高兴或没有欣喜的感觉。”小一回答到：“是呀，我也是这么觉得的。”“我们都知道其实我们的产品是很好的，我们自己有时都想买来背背。”“是的。我还买了一些送人了。”“所以依我个人的建议，你跟顾客沟通的时候，没有站在顾客的角度充分展示我们产品的优势，或者没有把我们的产品价值挖掘出来展示给顾客。”“你这样说有可能是，因为我发现每次跟你沟通的顾客，拿着我们的产品或试背时表情都是兴奋的，连连点头，好像那个产品她一定要拥有一样的感觉。”“那是怎么做的？或是怎么样的原因呢？”“我们参加培训的时候，都听过老师讲过 FAB 的产品介绍法吧。”

“噢，那个肯定是，刚做销售就听过了。”“FAB 我们都知道啥意思了，F 就是指产品的特性，A 就是指产品的优点，B 就是指产品的利益。那么 F 和 A 都不用说了，我们平时都做到了。但就像老师说的关键 B 我们都很少做到，其实这个环节是最重要的，也是能体现我们产品最大价值的环节。”“怎样做到，我举个例来说说吧，比如白天这个案例，那个顾客其实还是对那个产品很感兴趣的，她在和你沟通时，有一句这样的话，她说与我赚多少没关系，但还是觉得价格高。其实她给你这个信息时，就已经表明，她暂时还没觉得这个产品值这个价钱，作为我们就要把这个产品的价值展示给顾客面前，让她觉得不买它就不值的感觉。”

“噢，就拿那个产品来说，我应怎样跟顾客说呢?”“首先我们清楚并且告诉顾客，我们产品是快速时尚品牌，她的主要特征有四点：平价、快速更新、时尚潮流、稀缺。平价是指的是我们的产品价格不高，在大众所能接受的价格之内；快速更新是指我们的产品更新的速度很快，基本上每天都有新款产品上市；时尚潮流指的是我们的产品紧紧地走在潮流的前端，引领国内潮流的步伐。稀缺指的是我们的产品每款只有有限的几款，数量非常少。在 FAB 里的 B 是指当顾客使用产品时所得到的利益。就是说，顾客使用产品后，会得到什么样的好处，强调的是顾客使用后的一个结果。

所以说那个产品也可以这样跟顾客表达：“这款包包的面料是进口 PU 的，颜色很亮丽（特性），摸起来手感柔软、分量轻而且非常容易打理，也不贵（优点），背在你身上不但好看而且会给你带来一定身份感，因为这款跟国际大牌阿玛尼最新上市那款很相像，一般的人看不出差别，所以你看你可以花很少的钱却能拥有一款这么适合你的名牌产品。是不是物超所值？保你买回去背出来，同事朋友们都会朝你投来羡慕的眼光（利益）”。然后保持微笑观察顾客的反应，时刻送上温馨的服务。

女性消费者喜欢听哪些话

专家点睛

重要的一点就是在说话之前，要搞清楚客户究竟喜欢听什么，不喜欢听什么。明确了这个问题，说话才能做到有的放矢，张弛有度。

很多门店销售人员在推销产品的时候，总是仗着自己的伶牙俐齿在客户面前喋喋不休、滔滔不绝。其实，这样并不一定能收到好的效果。那么，一个推销员如何说才能实现成功推销呢？最重要的一点就是在说话之前，要搞清楚客户究竟喜欢听什么，不喜欢听什么。明确了这个问题，说话才能做到有的放矢，张弛有度。

下面这个例子就是因为推销员没注意自己的说话方式而导致推销失败的。

销售人员：“现在大多数客户比较喜欢颜色亮一点的服装，老旧的款式已经不流行了。为了满足客户的需求，我们的新系列产品正式上架了。您看，深红、紫色、黄色、亮粉、红色等应有尽有。而且我们还为客户提供了送货上门的服务，比如您需要一款粉红底裤，没问题！只要订购，两天内立刻交货。很不错吧？”

客户：“那么……”

销售人员：“我的解说很清楚了吧？您还有什么想知道的吗？”

客户：“你说得很清楚。只不过，嗯……我想年轻人会很喜欢你们的东西，可我是以传统性商品为主。你知道吗？我是以典雅、古朴、价钱合理的款式为主。”

可见，这位推销员最终无法说服客户购买。因为她在介绍产品的时候只是盲目解说，并没有找到客户的真正需求。在推销过程中，很多销售人员以为只有滔滔不绝才能打动客户，殊不知，这样更容易失败。事实上，只有说客户喜欢的话题，以客户喜欢的方式去解说，才能说到对方心坎里。

如今，做销售的人不计其数，但真正口才好的却不多。那么，真正好的销售口才是什么样的呢？其实，真正有口才的推销员未必说得多，但他却懂得投顾客之所好，懂得如何将自己产品中的某些特色完美地诠释成客户想要的东西。那么，如何才能做到让客户喜欢听你的话呢？

（1）察言观色，找出客户的真正需求，客户通常只关注自己感兴趣的产品。当你与客户所说的话并不是对方所关注的那一点的时候，客户就没有耐心继续听下去。也就是说，销售人员在正式推销之前一定要对客户的具体需求有个大致的了解，然后再进行有针对性的推销。客户：“我打算购买一台冰箱，想了解一下你们这个牌子的情况。”销售人员：“小姐请问是自己用，还是多人一起用？”客户：“就我一个。”销售人员：“那我推荐这个环保的小型冰箱给你……109 升，冷藏双冻双开门，正适合您。”

（2）要先充分了解所推销产品的性能。一名优秀的销售员必定对自己所推销的产品有充分了解，因为只有了解了产品的各种性能，才能结合客户的具体需求，从中找到相通之处。然后，根据客户的需求进行有的放矢的说服。客户：“我来看一下海尔 BCD－226STC 冰箱的价格。”销售人员：“小姐眼光真好，您选中这一款了？”客户：“我朋友用过这一款，听说还不错，你给详细介绍一下。”销售人员：“这款冰箱冷冻容量在 171 升，宽幅变温实用三开门……”

（3）把握客户关注的重点，把话说到点子上。由于自身的需要，很多客户在对产品进行详细了解的时候，往往只会关注其攻心说服做销售中某些方面，比如品牌、价格、安全性、质量、售后服务等。所以，销售人员在向客户介绍产品的时候，就不必从头到尾全面而详细地讲解，只要能把握客户所关心的重点即可。根据具体需求确定谈话重点，进而对客户进行详细的说明。客户：“这款冰箱总体上还可以，售后服务情况怎么样啊？”销售人员：“小姐，售后服务绝对跟得上，你放心，保修期为六年，而且终身免费服务。”

沟通是人与人之间进行信息交流的手段，每一个人都离不开与人的沟通。它是一门学问，也是一门艺术。良好的沟通重要的是让我们与顾客产生共鸣，增进双方的了解，在与顾客之间达成共识的时候自然化解了紧张情绪。但我们应该注意到一点，沟通不是简单的你＋我＝我＋你。一味的将主观意见强加给顾客或被动的顺从，其结果会加重顾客的紧张情绪。

做销售的人员经常会有接待客户的任务。抛弃油腔滑调的同时，还要有一定的技巧，这样才会消除和客户之间的距离感，拉近了距离，再谈事情也就变得容易。下面我们来谈谈接待客户的技巧。

接待的技巧：

（1）问候客户。在客户还未开口的时候，用亲切的语气和客户打招呼，进行问候。在说“早上好”的时候，前面请加上对方的身份名称，如先生、小姐。这样更会让对方感到亲切，拉近彼此的距离。

（2）自我介绍。说明自己店面的名称和自己的姓名，并且双手奉上你的名片，交换名片后要表达出对客户谢意。

（3）缓和紧张的情绪。营造一个非常好的氛围，是很重要的，这有助于拉近彼此的距离，缓和客户的紧张情绪。例如“你好，你需要什么尽管告诉我。”

（4）巧妙的询问，让客户说个够。设计好问题漏洞，主要还是要了解客户有着怎样的需求，如“贵公司有怎样的产品，产品有怎样的功能?”能够了解客户的需求，成功就离我们越来越近。结合运用扩大询问法和限定询问法。对客户谈到的要点进行总结并确认。“你需要这些对吗?”

当她嫌贵时怎么说

专家点睛

察言观色。想破解顾客砍价这个问题，那应该站到顾客的角度来看砍价。

当顾客说我们的产品“太贵了”时，我们一定不能说一些毫无经验的应答话语，比如：“这样子还嫌贵”、“我们这里是不讲价的”、“多少钱才肯要?”、“不算贵，已经打折了，比原价优惠多了”、“我们现在搞促销活动，多买多送，也不会太贵”。

有一定门店经验的销售人员就会这样回答顾客：

“是的，是的，如果单纯看标价，确实会让人有这种感觉，只是我要跟您说明的是，我们价格比较高的原因，是因为我们的售后服务做得很好，质量上面又有保证。美丽不打折，服务不打折，质量不打折，价值当然就高一些了。”

“是的，我能了解，我们××品牌是一家大品牌，最重要的是您戴上去非常好看，真的是物超所值！而且正好现在买满268元还可获得价值98元的时尚化妆包，真的是太划算了！”

“是的，我能理解，只是我要跟您说明的是这些都是高质量的材料，施华洛仕奇的奥地利进口水晶，而且现在有特价的优惠，所以现在买真的是非常划算!”

“您觉得价格是您唯一考虑的因素吗？我真的很诚心想为您服务，而且很多人都试过了，但都没有戴出品味来，唯独您戴上，又时尚又有品味，真的是太合适了!”

“是的，我能理解，只是我想跟您说的是我们的衣服是知名品牌，也非常适合您使用，您想想看，一共才××元，平均每天才花几毛钱就可以使您变得非常有气质又美丽，岂不是很划算。”

“是的，我能理解，只是我想和您说的是这产品是采用最新的PU+布材料做成的，不仅美观大方，而且手感很好，还可以斜跨，把手彻底解放出来，省了很多负担，相对这价格来说，真的是超值啊!”

说明理由。你的价格已经压得很低，但是顾客却还是和你不断纠结价格的时候，你要明确告诉顾客你也可以低价，但质量会有所不同，也就是说明价格的理由，还可以推荐类似但价格比较低的产品，一分钱一分货吗，并将两个产品的不同之处罗列出来，如：设计、质量、功能等方面，让顾客自己考虑选择哪一个产品。而且使用这种比较法，往往会收到良好的效果。

态度和蔼。有些顾客，很喜欢砍价，本来这个产品的价格已经很低了，没多少利润可赚了，可他们还是要砍价，面对如此情况，不要说放弃，要面带微笑，始终用和蔼的语气，耐心与其解释。如：我的小店，明码标价，货真价实，不论是亲朋还是好友，不论是邻居还是陌生人，从不讲价。当所有顾客从你店里买到的商品都是一个价格的时候，自然也就不会讲价了。

讲究技巧。顾客砍价对于商家来讲就等于砍掉了利润，但是，顾客跟你砍价，说明有买的意向，在坚定立场的同时，讲究一些小技巧，比如：要分阶段一步一步地进行，不能一下子降得太多，而且每降一次要装出一副一筹莫展、束手无策的无奈模样。如果顾客仍不罢休，你装作郑重其事、很严肃的样子宣布：再降无论如何也不成了。在这种情况下，顾客将错觉为这是最低限度，就不再砍价了。

定期调查。顾客砍价是为了挤水分，是能做到花少的银子买到最中意的商品，对于这个问题，你一定要做到定期调查，这样做是很有必要的，至少你要知道这款商品在别的商家那里卖多少钱，有没有，有的话就存在竞争，你不肯降价，别家店有可能会降，那顾客就没可能回头了。所以说，要根据情况尽量在价格上做一下调整，不亏本卖，可以薄利卖，让顾客在“货比三家”后知道贵店的优惠。

察言观色。想破解顾客砍价这个问题，那应该站到顾客的角度来看砍价。顾客心思很好琢磨，因此，要观察顾客态度，如果是那种不便宜点钱就不买的顾客，那你就便宜点卖了吧，尺度在自己。如果你不卖，可能连一元钱都赚不到，你卖了可能还能赚点，或者是拉个回头客。特别是长期进行固定购买的顾客，时间长了，就可以赚得多了。但是，千万别卖假冒伪劣商品，这是自毁“钱”程。

开店做生意，就要面对各种各样的顾客，每个商家都绞尽脑汁，想办法收益，寻求经验，不是每个人的经验都适合自己，别人开店的经验要吸取精华，更重要的是自己有主见，找到适合自己的方法，学会融会贯通，换位思考，对于顾客砍价这个问题也是这样。

闲聊中寻找她的购买点

此专家点睛

与客户闲聊的同时去洞察其内心的动向，从而做出一些适合的举动和言辞。

跟客户聊天是拉近与客户距离的重要方法。但很多销售人员显然不擅长跟客户聊天。谈话中要留心客户的措辞，听他们说了些什么，带有什么样的倾向，这些对你了解对方会有很大的帮助。

在大部分人的心里，销售人员绝对是能聊的，虽不至于口吐莲花，但至少要满脸堆笑，给人亲和力超强的感觉。那么，销售人员到底要跟客户聊些什么呢？有些销售很敬业，在客户面前，会从门店历史、组织架构开始，一直说到产品的不同系列、各自功能等，恨不能把整本产品册都背了出来。但是这样效果并不好，于是销售人员很委屈："我背得这么辛苦，怎么就没人待见我呢？"

沟通是人与人之间进行信息交流的手段，每一个人都离不开与人的沟通。它是一门学问，也是一门艺术。良好的沟通重要的是让我们与顾客的闲谈变成一些有用的机遇，增进双方的了解。但我们应该注意到一点，闲谈不是简单的你＋我＝我＋你。一味的将主观意见强加给顾客或被动的顺从，其结果会加重顾客的紧张情绪。

因而只有在与客户闲聊的同时去洞察其内心的动向，从而做出一些适合的举动和言辞，这样才能更亲和的让顾客觉得可靠。

户外用品店的张璐是个很会与顾客沟通的女孩，她总是在愉快的攀谈声中完成与顾客的交易，并且她还为此而赢得了不少的回头客。

一次，一位年轻的姑娘走进店里来四处观看，张璐看到后就走上前去与她攀谈了起来。“姑娘我有什么可以帮你的吗?”“我就先看看，还不知道怎么买。”姑娘的回答让张璐了解到这是一位没有任何户外经验的初级爱好者。她接着说：“请问你要买的是哪方面的户外用品呢?”姑娘说：“我想陪爸爸去登山，但是我和爸爸都没有像样的登山鞋，或者别的什么用具都不了解，所以才来看看有什么我需要的。”

张璐这才完全从闲聊的语言中得知了顾客的购买点，她判断这位姑娘一定是想要两双男女款的夏季登山鞋，并且款式是一双偏中年一双年轻款的。除此之外她还了解到这位姑娘还需要一些别的登山用具，比如可以推荐给她新上架的遮阳帽或者水壶、背包等用品。张璐就一直与这位姑娘轻松的边聊边挑选，直到这位姑娘满意的购买到了自己需要的所有物品。并且还表示以后有什么需要，一定还来这里找张璐姐姐询问。

由此可见，掌握怎么样跟顾客去闲聊，并在闲聊之中了解对方的所有购买意愿，这是一名门店终端销售人员必须修习的一课。

在你和客户闲谈时，不要一股脑的把产品的优点说出来！你首先要搞清楚客户买产品的主要用途和他想买什么样档次的产品！然后你再根据他的需求给他推荐一款适合她的产品！这样做至少显的你较专业！并不只是想挣她的钱，要让客户体会到你的服务！

在闲聊中了解客户的兴趣就等于成功了一半。而对于销售人员来说，客户的兴趣则是销售人员成功实现销售的重要突破口。从闲谈中找到顾客的兴趣点，才会使彼此建立起共同的话题，缩短彼此之间的距离，化解心理上的隔阂，使销售人员得到客户的认同和接受。

在我们终端销售人员与顾客的谈话中，如果掌握了顾客的兴趣点，那么就为接下来的工作做好了前奏。兴趣能激发客户为潜在的购买动机做好准备。当客户有一种潜在的购买动机后，在转变为购买行为之前，会对这种商品产生一定的兴趣，并因此主动地关注这方面的信息，积累一定的商品知识，为转变为购买行为做好准备。

顾客的需要是多样化的、且较难理解的，因为顾客不会主动明确地说出需要，这可能是顾客缺乏消费经验，不善或不便表述。这时就需要我们在与每一位顾客闲谈聊天的同时，去努力了解和记录一些顾客的心理需求和购买意向。这一点对于终端销售人员来说是重要的课题。

如何针对女顾客的犹豫

专家点睛

要想成功达成交易，很重要一点就是找到真正的购买决策者。促成销售的方法不同性格的人有不同的方法，所以养成总结的习惯形成一套属于自己的方法。

五月，夏装刚刚上市。两位小姐走进了一家服装店，两人一边聊天一边在裙装货架翻翻拣拣。过了一会儿，个子稍高的小姐请销售员小王给找一件 M 号的绿色长裙，小王迎了过去："请问是哪一位要试穿呢?"高个子小姐笑了笑指着站在旁边笑得很柔和的同伴说："她"。

顾客试穿后整体效果很不错，只是腰线部分稍显紧了一点，如果穿大一号的呢就又太肥了。顾客似乎很喜欢这件衣服，一直问旁边的朋友："你觉得行吗?紧也不是很明显吧?"小王连忙说："其实这样就可以。夏天的时候女孩子通常都会要再瘦一点的。到时不就正好了嘛?"

高个子小姐很挑剔："那怎么行，万一到时不瘦反而更胖了呢？”小王没有理会高个子，侧过身对顾客说：“这款裙子我们家拿货较少，这个 M 号的就剩一条了，小姐喜欢的话就一定不要错过啊！”

高个子有一点不高兴：“就只有一条？你们卖货还真是，都会这么说，走吧，我们到其他家再看看去！”这时店里的销售高手小书看到此情形，赶紧倒了杯水过去给两位顾客，并笑着说：“别急，来先喝杯水，刚才看了这么长时间肯定累了。”然后眼光朝着试穿裙子的顾客说：“哇，你穿上这条裙子真的很漂亮。”然后马上笑着对她的陪伴说：“小姐你的眼光真的很好，一进我们店铺就帮她看中了我们店卖得最好的一款裙子，你担心的这个问题也是很正常的。但我们店铺是全国连锁店，在这里都有六七家，所以不用担心这个号码的问题，我们店铺与店铺之间是可以调货的。今天这位小姐穿这条裙子真的是很美很合适，大一号肯定会显得有点肥，体形不会显得那么好看了。刚才我们同事说女孩子夏天都会瘦一点，这是真的，我做服装销售有三年了，经常是看到这种情况，冬天会臃肿一点，一到夏天就瘦下去了。来，我们帮你们包起来”。一边引领顾客到收银台前。顾客跟着小书走过收银台拿出钱包付了钱。然后小书还送上完美的售后服务叮嘱，把顾客送出了店铺。

小王这个过程一直跟在后面配合小书。等顾客走后，赶紧对小书说：“小书真的很感谢你，也让我学到了东西。来你给我讲讲，你怎么知道要这样做？”小书说：“其实很简单今天这个单能对顾客身边陪伴的高个子重视起来，处理好她提出的问题，就没问题了。所以当顾客走进来后，就要判断谁是决策者。销售中购买的决策者并不一定是试穿者或是需要衣服的人。判断真正的决定购买的人，只有让购买者和决策者双方满意，才能达成交易。所以说要想成功达成交易，就要找到真正的购买决策者。只要让这个主要的抉策者不要犹豫的表示购买意图就可以了。”

1. 不要向顾客多余介绍新品

一旦发现顾客的购买信号，就不要再给顾客介绍新的产品了，否则顾客看多了后，就会因难以选择而离开，销售人员费力不讨好，所以应该引导顾客把注意力集中在他一直精心挑选的产品上，不让顾客分心。

2. 帮助顾客缩小选择范围

通常顾客试太多后，会产生目不暇接，难以下决心购买的情况，所以销售员想快速成交，就要帮助顾客缩小选择范围，那该怎样才能缩小范围呢？一般来说，最好把顾客选择范围限制在 2 种左右，最多不超过 3 种。如果顾客还想看更多，则要把他不喜欢的移开或拿走，不过注意在把商品拿开的时候，要做到轻松自然、随意，不能只埋头收起产品，而让顾客有受冷落的感觉。

3. 要尽快帮顾客确定他喜欢的产品

顾客在试过一些产品之后，很多都会犹豫不决，好像既喜欢这个，又喜欢那个，很容易搞不清楚自己到底喜欢哪样，所以我们需要帮助顾客尽快确定他喜欢的商品，那怎样才算是顾客喜欢的产品呢？一般来说，顾客试得最多的，询问次数最多的、挑剔次数最多的、注视时间最长的，触摸次数最多的、成为顾客比较重心的商品，就是顾客所喜欢的了。而且还可以拿出来顾客试过的、不怎么喜欢的产品和顾客喜欢的那个对比，顾客心理马上就有了比较，加快了选择的进度。

4. 进攻右脑，促进成交

许多时候，顾客已经找到她喜欢的产品了，但由于各种各样的担心和犹豫，顾客迟迟不下决定，这时候，我们可以赞美顾客，给顾客信心，进而促成交易，如：“你戴上这款产品真的很漂亮，非常配你的气质，戴出去肯定每个人都会投来羡慕的目光，我帮你包起来吧。”

5. 利用尝试心理促成交易

有时候，顾客下决心购买的时候，还是有些担心，比如说担心买回去女朋友不喜欢之类，这时候，我们可以选择退一步，建议顾客尝试买回去看看，并且要给顾客适当的鼓励，告诉他哪怕不喜欢，那也是他的心意，她肯定会心领的。还可以跟顾客说我们的包换政策，消除顾客的后顾之忧。

6. 利用利益引导顾客及早购买

当顾客想买，但还在犹豫，要继续等等时，要告诉顾客现在购买将获得的利益，促使顾客马上购买。例如：“美女，早买早漂亮嘛，既然这么喜欢，就不要让它错过了哦，而且现在我们这里购买××元还可以获赠玫瑰花型巧克力一盒，里面还有卡片可以抽奖呢，如果幸运的话，都可以抽到钻戒哦。如果过几天来买，就要购买 299 元才能享有这么好的机会了哦。所以趁现在恰好遇到自己这么喜欢的戒指，一定要把握机会了，快到新年了，千万不要给自己留任何遗憾。”

7. 利用对美好场景的描述促使顾客及早购买

美好的情景，是每一个顾客所非常向往的，这时候，我们只要把它描绘出来，就非常有效。例如：“你太有眼光了，挑选这款送她做情人节礼物，做你的女朋友肯定很幸福，不过今年春节和情人节都是同一天，所以流行和心爱的人一起提前过节。如果等到情人节那天再来买的时候，这款说不定早就没有了哦，所以建议你先买好，早点送给她，然后一起把她带回家过年嘛，这是多么幸福对不对？所以要好好把握了，我现在就帮你包起来吧。”以上就是我给你分享的促成销售的方法，只是一家之言。

第七章
点燃女性消费的兴奋点：让顾客产生购买欲望

怎样营造热销氛围，感染顾客情绪

专家点睛

首先要了解他人的情绪问题，还有要把兴趣点调动起来。店铺氛围包含店内人气、音乐、灯光、色彩、产品、店员状态等因素，这些都是决定店铺业绩好坏的关键。

到下午了店铺还没开单，与往常都不一样，店里的客人也是稀稀拉拉的几个，还很多是过路客人，大多问下价格就走了。店里的每一个员工都无精打采的，你看着我，我看着你，真无聊。于是有的同事就开始聊天了，想搞点事情做，不要那么闷。心里自然明白这是不可以的，但实在是太无聊了，不说话人会疯掉。这种情况在店铺有一个多小时了。销售高手小美实在看不下去了，心想得想想办法才行。

一定得让大家忙起来，让客户进店来，这样才有开单的可能性。小美是一个非常爱学习的人，除参加公司组织的培训之外，自己还经常喜欢与同行朋友交流工作经验。像店铺今天这种情况她知道在很多同行店铺也都有发生过，培训时老师也有讲过类似的案例，今天发生在她们的店铺了，她心想得摆正心态，正面地去看待这个现象，冷静地去找到合适的办法。于是她主动和店长去沟通，一会儿她们找到答案了。店长请她出面搞定这个问题，她很自信地答应了。她面对镜子调整了一下状态，把脸上的肌肉挤挤，露出甜美的微笑走到卖场，说："靓女们，都请过来一下，我们开一个小小的中会。"说着，店里所有的人都有气无力地走了过来，眼神有点呆滞地看着小美，听她说话。

小美富有激情地说："告诉大家一个好消息，我们区域的帅哥小陈等下会来我们店铺，代表公司总部来看我们，他还说会过来请我们吃东西。"小陈是店里所有女孩们口中经常谈论的帅哥，大家都对他很有好感，很喜欢他。小美想利用这个事情首先把大家的情绪调动一下。一听小陈要来，所有的人顿时开始笑了，有点兴奋了。然后小美说："看来大家听到这个消息还是比较高兴的，我也和大家一样，呵呵。另外大家看到今天店铺客人比较少，但我们知道要提高我们的业绩就必须要解决客人进店的问题，大家说是吧。"大家都连忙点头，当然了。接着小美又说："在这里我有一个办法，在其他同行店铺也用过很管用，曾经培训时也听老师讲过这样的方法有用，我们要不要试一下？"大家说："好呀，说来听听。"

小美接着说："我们想想平时我们自己去闲逛时，一般什么情况会进店？是不是看到店铺里人多的店铺我们会进去看看。是的，我们今天就想这个办法了，让客户感觉店铺销售很好，店铺很多人，制造旺场。”大家说：“具体怎么做呀。”小美又接着说：“第一个办法就是我们自己一个扮演客户一个扮演导购在进行销售。第二个办法就是利用我们的关系叫一些平时玩得好的有时间的在这附近的朋友或老客户过来店铺玩，扮演客户消费。强调要演得真实，真的在柜台买单，到时下班时再把单退出来，钱还给大家。这样把我们整个卖场的氛围调动起来，让在外面的客户感觉到我们店铺销售很好。大家有没有信心做好？”大家抱着怀疑的态度说：“试试吧，反正也没啥事做。”这时店里的小可说：“但怎么叫人来呀，我没有熟悉的朋友在这附近。”小美说：“没关系，我们分配一下任务每人叫一个朋友来，我负责叫两个，小可你仔细想想叫一个比较认可我们的老客户也行呀，或者叫他来玩不参加这个活动也行吧，请他来我们店里充充人气。新来的小平你有也可以叫，没有的话就配合一下大家吧。”说完，所有人开始分头做各自的事了。半个小时过后，店里真的来了一些人，整个店铺旺起来了。店长看到小美一下子把大家的状态调动起来了，很是高兴的配合叫着店里的口号。这样一下子店里死气沉沉的气息一下子变没了。晚上开晚会时，店长表扬了小美并请出她给大家分享。

小美说：“我们都知道，我们每一个人在状态好的时候和不好的时候，业绩相差是非常大的，因此我们的状态保持就是业绩水平的保持。所以我会经常想怎样才能让我们在店铺里持续的保持好状态呢？今天我用了这些方法，其实店铺氛围的建立是包含店内人气、音乐、灯光、色彩、产品介绍声、买单声、店员状态、一个良好的管理机制等因素，这些因素都是决定店铺业绩好坏的关键点。我们平时在店里一定要防范不良状态的扩散，因为这种扩散是毁灭性的。当有这样的苗头出现时，作为我们每个人一定要及时做出相应的反应动作。比如说今天我基本上就做到了，发现了这种情况首先用大家感兴趣的话题来调动大家的情绪，接着才说怎样营造店铺氛围的方法，这个细节比较重要，如果直接说营造店铺氛围的方法，可能很多人的参与度没那么高，那就不能达到我们想要的效果了。还有在我们实际工作中也会有这种情况：早上连接好多单都没有做成，员工就可能有些消沉。遇到这种情况，作为管理者要知道，接下来哪怕是个小单，也要想开了以此来鼓励大家的信心；或者也可以采取其他的方法调节，千万不要无视员工的状态，如果稍不留意，一天的业绩就可能在这种状态下给毁了还不知道。”

另外我们还可以通过派单、靠近门口的陈列设置、POP 展示等方式来吸引顾客进店；还有在店里顾客不多的时候，要有意识地让顾客在店里逗留的时间尽量久一些，尤其对于那些犹豫不决的顾客，这样可以多些时间争取更大的成交机会。总之，千万不要让顾客断流，因为一旦断流，想再聚一个人流高峰就不是那么容易了。在现实工作中我们也有很多店铺经常会出现这样的情况：有时候顾客一来就全来了，结果忙不开手脚。走的时候就全走了，一个都不留，然后就是长时间的断流。这样的情况一定要想办法避免，顾客很多的时候，可以利用快速成交促进顾客购买，快速消化；顾客少的时候，则多用磨单的方法留住顾客，维持人气、做大单。

最后灯光、音乐、色彩如何来帮助店铺制造旺场呢？其实在一般的品牌专卖店里，这三项都是有要求和规定的，因为这些都是品牌形象很重要的一部分。不过我们可以看到很多的经营者在这方面却没有太多的重视。比如音乐，是乱放的，什么流行就放什么，有什么就放什么，店铺里店员喜欢什么就放什么，也不管顾客进来时候听到的感受怎样。其实我们应该要知道，在店里播放音乐能让顾客产生一种非常美好的感觉，继而增加顾客的购买欲望。而错误的音乐会让顾客对我们的产品、品牌有一个错误的认识，甚至是被吓跑，所以一定要慎重选择。

在不会的前提下，就不折不扣的按公司总部的要求来播放。公司没有在这方面的统一的话就可以去学习当地高档品牌的店铺是怎么播放音乐的，去感受一下，借鉴一下。关于灯光，一般来说，明亮的相对来说比较好，因为顾客通常都喜欢去亮的地方，而不喜欢黑暗的地方。可我们在很多时候也会看到很多店铺在顾客多的时候，还能保持充足的灯光，而一旦顾客少的时候，有很多灯熄灭了，使店里变得很昏暗。曾有经营者为此颇为得意，说是节省了电费，控制了成本。殊不知，多少顾客就在这灯光的开关过程中已经流失掉了。所以说不管店内客人多与少我们都是要保持明亮的灯光，没有客人时还更要加亮一点灯光以至帮助营造店内的氛围。颜色方面的设计也很有讲究，一般来说要求给人清新、温馨的感觉。比如化妆品店的颜色，就是要让顾客有这样的感觉。

以上说到的几种方面，都是关系到提升顾客进店率方面的，接下来我再和大家分享技巧，是可以直接提升成交率、继而提升业绩的。这个技巧就是“声音”——这里指的是产品介绍声和买单声。产品介绍声音其实就是店员向顾客介绍的时候说话的内容和语气。相信大家都会有这样的感受，当某些店员介绍产品比较精彩的时候，其他旁边的顾客也会凑过来看，听她讲解和介绍，这样一来，她影响的就不只是一个顾客，而是一群顾客了。而当时店里顾客比较多我们没办法一对一的时候，如能做到这点，一个人同时对一群顾客介绍产品价值，销售就会变得轻松很多，这其实也是一个店员照顾多个顾客最好的方式。

除了产品介绍声，还有一种声音是可以直接促成交易的，那就是买单声和唱收唱付声。所谓的买单声就是顾客决定买单和买单的时候，你都要喊出来，让全场其他的顾客都听到的声音。具体来说就是："这位美女买单，收银台在这边，请跟我来"之类的话。而顾客在选购产品的过程中，不断受到这种声音的刺激，从众、攀比的心理就非常容易被激发出来。唱收唱付声就是顾客在收银台买单的时候，收银员一定要做到唱收唱付，大声说出："收您××元，找您××元"之类，一方面避免收款过程中出现差错，另一方面也是给购买的顾客一个肯定，给其他顾客一个促进。当连续有两三个顾客买单的时候，买单的气氛就可以营造得非常好，那些还在犹豫的、继续讨价还价的顾客受到这方面的刺激，很可能因此快速购买。好了，这就是我和大家分享的，希望在今后的日子里我们共同营造一个好的店铺氛围，让店铺时刻都保持在旺场的场景，也让我们大家的业绩步步高升，月月目标达成……

怎样了解顾客的兴趣和爱好

专家点睛

销售人员要不断地培养与诱发客户对产品的兴趣，使客户在兴趣的引导下完成购买。

有人说“兴趣是最好的老师”，而对于销售人员来说，客户的兴趣则是终端销售人员成功实现销售的重要突破口。找到共同的兴趣，才会使彼此建立起共同的话题，缩短彼此之间的距离，化解心理上的隔阂，使销售人员得到客户的认同和接受。

兴趣能激发客户为潜在的购买动机做好准备。当客户有一种潜在的购买动机后，在转变为购买行为之前，会对这种商品产生一定的兴趣，并因此主动地关注这方面的信息，积累一定的商品知识，为购买做好准备。

《攻心为上》中讲道：“了解你的顾客和了解你的产品一样重要。”作为销售人员，应该时刻记着问自己这样几个问题：为什么顾客会买我的产品？为什么有些潜在客户不买？购买的顾客有哪些共同点？不买的顾客有哪些共同点？你只要把这些顾客分类研究，就可以了解到顾客之所以会买的原因，也会知晓顾客不愿意掏钱的症结所在。了解这些之后，你就很容易知道，如何来改善产品介绍的方式和行销的方法。

将几个人分成若干小组做一个小游戏，让每个小组发挥集体的才智，制作一头猪。等各小组完成后，大家一起参加一个猪产品的展销会，然后想办法把自己的产品销售出去。

“猪”做出来之后，每个小组都说自己的“猪”是最好的，有的说是绿色食品，没有任何污染；有的说产自海外，品种优良；有的说白色可爱，可当宠物养；有的说……说法各式各样。但是主持人最后告诉大家，他们的销售都是失败的，理由是他们只管销售，却并不了解顾客的需求和想法。

不了解客户就开始销售，等于是做无用功。比如说，在销售人员要对顾客进行销售的时候，应该在温馨的气氛中，通过闲聊观察客户在潜意识中最关心的是什么，最想要的是什么，因为在很多时候，销售人员认为最好的，客户却并不一定非常喜欢。因此，要想把产品顺利地卖出去，就必须了解客户是怎么想的，客户真正的需求是什么。

有一对老夫妇去看一所房子。当销售人员把他们领到房间后，客户看到房间里的地板已经很破旧并且凹凸不平，心里便有些小嘀咕。但当他们走到阳台上看到院子里有一棵茂盛的樱桃树时，两位老人的神色显得很愉快。

老妇人对销售人员说：“你这房子太破旧了，你看地板都坏成这样了。”但销售人员看到了他们对樱桃树的喜爱，就对客户说：“这些我们都可以给换成新的，最重要的是院里的这棵樱桃树，一定会使您二老的生活更加安详舒适。”销售人员把老人的目光引到屋外的樱桃树，老人一看到樱桃树马上变得高兴起来。

当他们走到厨房时，两位老人看到厨房的设备有很多已经生锈。还没等客户抱怨，销售人员就对他们说：“这也没有关系，我们会全部更换的，同时，最重要的是院里的这棵樱桃树，会让你们喜欢这里。”当销售人员提到樱桃树时，客户的眼睛又闪出愉悦的光芒。在这里，“樱桃树”就是客户买下这所房子的“关键点”。

没有需求的地方，就没有购买的行为。在这个小故事中，销售人员通过观察客户的表情变化，敏锐地发觉在客户的潜意识中对樱桃树的喜爱，并且能够抓住这一点，对客户进行种种暗示，给了客户一个购买的理由，唤起了甚至创造了客户内心对于产品和服务的需要，恰到好处地对其进行引导，结果取得了成功。

平常的销售中存在的问题一般是，不是客户不想买，而是销售人员没有了解客户的需求。因为没有哪一个人喜欢被别人销售。可以说，客户内心的需要，就是其购买商品的理由。要想进行有效的销售，就要做到你要什么我给你什么，而不是像平常的销售一样我给你什么，你不要什么。

在普通的销售方法中，大多数销售员都是滔滔不绝地介绍自己的产品，说自己的东西是最好的，但客户却不以为然。毕竟，你认为最好的，客户不认为对他是最合适的。只有客户认为最好的，才是最重要的。

通常情况下，普通的销售人员的销售步骤是，首先介绍产品，也不管客户有哪些问题，介绍完毕后就直接问客户要不要购买，然后听客户的反应。如果客户不感兴趣，他还会再次介绍产品的特点。不可否认，这种方法不仅单调，而且效果也不一定明显。就销售工作而言，要想取得良好的销售业绩，首先要了解客户的需求是什么，他们的期望是什么，然后针对问题，通过暗示手段，对他们进行有效的销售。反之，如果不注重客户的需求，只是一味地想销售产品，最终很可能什么也得不到。

“刘先生，我们店现在有优惠措施，如果你现在买了这种产品，还送免费旅游。”

“你的这些优惠对于我来讲都不需要。我需要的是适合我的产品，其他的优惠对我来说并不重要，价格再低，东西不合适也不行。”

“你放心，我们有自己的专业咨询师，如果你不放心可以去接受咨询或培训，我们的专业咨询人员可以针对你的情况给你提供你需要的东西。”

“为了购买这种产品我们还要咨询或培训？对我来说，培训再多，也没有任何意义。”

“我可以向你保证，这种产品的确在质量上不存在问题。而且还送免费旅游，这是多么好的时机呀，你可不能失去良机。”

“我不需要，我不买。”

刘先生最终坚决地拒绝了这位销售人员的销售。

正如这位顾客所言，他要买的是“合适的产品”，而不是所谓的优惠条件。销售人员在销售活动中，要关注顾客的需求，清楚顾客到底需要什么。如果不知道顾客的需求，再多的言辞与努力不仅于事无补，还会招致顾客的厌恶。道理很简单，没有人会对自己不感兴趣的事情投入过多的精力，而如果是自己感兴趣的事情则会很有热情地参与进来。这种心理也可以为销售人员在销售中说服客户时所利用，那就是主动迎合客户的兴趣，拉近与客户之间的距离，从而实现进一步的交流，为实现最终的销售铺平道路。

一般来说，相类似的人之间有着共同的兴趣爱好，愿意参加类似的活动，在共同的活动中既能彼此接近又能相悦，从而使人际间的吸引力增强。因此，志趣相投的人是很容易熟识并建立起融洽的关系的。销售人员和客户之间也是一种社会交往，如果双方没有共同语言，那是很难进行交流的，更别说销售商品了。如果销售人员能够主动去迎合客户的兴趣，谈论一些客户喜欢的事情或人物，把客户吸引过来，当客户对你产生好感的时候，购买你的商品也就是水到渠成的事情了。

当然，销售人员每天都会与许许多多的客户接触，而自己也不可能什么都喜欢，什么都知晓，并不能够迎合所有的客户。这就要求销售人员要博闻强识，了解的东西越多，知识越丰富，就越能够自如地应付更多的客户。要知道，一个优秀的销售人员一定是一本“百科全书”，他们需要懂很多的东西，即使不精通，也要了解个大概，一旦某天和客户谈起，也不会因为自己的无知而冷场，导致谈判无法进行。销售人员只有懂得越多，才越能找到和客户的共同点，使彼此相互吸引。

有这样一则信息说：“市场上每年会涌现出3万种新的消费品，但其中90%以上都以失败告终”。为什么会这样呢？原因很简单，顾客只对他们所需要的产品感兴趣。因此，要使顾客接受你的销售，首先要从关注、关心顾客的需求入手。销售人员在与顾客沟通时，要善于捕捉顾客的需求信息，在准确判断顾客的需求后再向顾客销售，否则，无论怎样的夸夸其谈也无法将其打动。

书店里，一对年轻夫妇想给孩子买一些百科读物，销售人员过来与他们交谈。

客户："这套百科全书有些什么特点？"

销售人员："你看这套书的装帧是一流的，整套都是这种真皮套封烫金字的装帧，摆在您的书架上非常好看。"

客户："里面有些什么内容？"

销售人员："本书内容按字母顺序编排，这样便于资料查找。每幅图片都很漂亮逼真，比如这幅，多好看。"

客户："我看得出，不过我想知道的是……"

销售人员："我知道您想说什么。本书内容包罗万象，有了这套书就如同有了一套地图集，而且还是附有详尽地形图的地图集。这对你们一定会有用处。"

客户："我是为孩子买的，让他从现在开始学习一些东西。"

销售人员："哦，原来是这样。这套书很适合小孩子的。它有带锁的玻璃门书箱，这样您的孩子就不会将它弄脏，小书箱是随书赠送的。我可以给你开单了吗？"

接着，销售人员要将书打包，给客户开单出货。

客户："哦，我再考虑考虑。你能不能找出其中的某部分比如文学部分，让我们了解一下其中的内容。"

销售人员："本周有一次特别的优惠抽奖活动。现在买说不定能中奖。"

客户："我恐怕不需要了。"

从以上情景中可以看出，这位销售人员没有了解客户真正的需求，一厢情愿地以为自己需要的就是客户需要的，这样的销售过于盲目，是难以成功的。他不能很好地与客户达成沟通，只是自己在唱独角戏，最终使客户失去了购买的欲望。

正确的做法是，销售人员要不断地培养与诱发客户对产品的兴趣，使客户在兴趣的引导下完成购买。实际上，在向顾客销售的过程中，销售人员是否能准确地抓住顾客的需求，对成交来说是非常重要的。

有一位销售扫描仪的销售人员，他每次出现在客户面前时，都会让客户立刻喜欢上他，因为他从不认为自己是单纯地在销售，而是站在客户的利益角度，为客户解决问题。

这位销售人员一般先详细介绍他的产品，说明这台扫描仪的分辨率是同类产品中比较高的，而且还有着可以分辨繁体字的独特功能。闲谈几句之后，他会适时加上几个问题：

“您会对一种能够直接把那些繁体字识别到电脑的装置感兴趣吗？”

“您希望一次花不到 1 分钟的时间就可以把几千个文字扫到您的电脑上吗？”

这两个问题通常都会有预期中的肯定答复，也获得了展示的时间安排。而且，他的销售方式极具诱惑效果：

“一位 IT 工程师因厌倦于那些只能分辨简体文字的装置，才改进出了这种新型的扫描仪。”

“工程师”、“IT”这样的字眼不仅保证了产品的可靠性，又使它带有吸引力，而“厌倦于那些只能分辨简体文字的装置”这种说法又制造了一种同情心理。

在展示过程中，该销售人员巧妙地运用“假定式”销售法。他承诺说如果操作得当，该扫描仪却不能把整篇文章扫完，打个电话他就过来服务。

如此善于从客户的角度去考虑，难怪他的销售工作总是那么顺利。

就像这位销售人员那样，在销售前，必须清楚客户的需求；在与客户沟通时，能在最短时间内知道客户购买这种产品所想要满足的感觉。之后销售人员才能调整自己的产品介绍策略，让客户相信你销售的产品能够满足他们的需求。

总之，满足顾客需要比销售产品更能打动顾客。帮助顾客解决问题，满足顾客的需要，这比对顾客说“我来是销售某某产品的”更能打动顾客。

如何调动顾客的从众心理

专家点睛

针对消费者购物的从众心理，商家可以营造气氛来勾起消费者的从众心。从众心理让消费者有一种安全感，排队的长龙便是这条安全感的生产线和彼此馈赠的安全感的纽带。

一女士打算去商场买衣服，经过商场门前的广场时，发现一群妇女围着一个人在抢什么东西。这位女士开始并不在意，等她走近一看，原来有一小商贩正在叫卖女性夏天穿的丝袜，十元钱三双，小商贩说是因厂家出口超过订单的部分要赶快变成现金冲抵成本才如此廉价的。不买的话，“过了这个村就没这个店”了。这位女士原计划是去买衣服的，结果看见好多女性都蜂拥而来去抢购，结果也忍不住自己的从众心理去买了一大堆丝袜回家。

且不说那丝袜的来历是不是小商贩说的那样，也不说丝袜质量好坏。单就从这位女性从不想买到想买的过程，就是典型的购买行为中的从众心理使然。

“从众心理”其实是一种顾客购买过程的心理活动，通俗地解释就是“人云亦云”、“随大流”；大家都这么认为，我也就这么认为；大家都这么做，我也就跟着这么做。商家如果能有效地掌握或调动顾客购买行为中的从众心理，肯定有助于产品的销售。

当然，“从众心理”也具有正反两个方面的结果：消极的一面是抑制顾客个性，束缚思维，扼杀创造力，使人变得无主见和墨守成规。这也是商家希望看到的；但也有积极的一面，即有助于顾客学习他人的智慧经验，扩大视野，克服固执己见、盲目自信，修正自己的思维方式、减少不必要的烦恼如误会等。所以买卖双方无时无刻都在明里暗里“博弈”。

举个例子说明：

> 一位商人，带着两袋大蒜一路长途跋涉到了阿拉伯地区，那里的人从来没有见过大蒜，他们想不到世界上还有味道这么好的东西，因此，他们用当地最热情的方式款待了这位精明的商人，临别时给他两袋金子作为酬谢。
>
> 另一位商人听说这件事后，不禁为之动心，他想：大葱的味道不是也很好吗？于是他带着一批大葱来到了那个地方。那里的人们同样没有见过大葱，甚至觉得大葱的味道比大蒜的味道更好，他们更加盛情地款待了这位商人，并且一致认为，用金子远不能表达他们对远道而来的客人的感激之情，经过再三商讨，决定赠予这位朋友两袋大蒜。

做买卖就是这样，谁能以最快的速度、最大限度地满足顾客需求，谁就能占尽先机，得到的是金子的恩赐；步人后尘，盲目从众，可能得到的就是“大蒜”。

在心理学上有一种称为“羊群效应”的现象。羊群是一种很散乱的组织，它们在平时会盲目地左冲右撞，但是一旦有头羊发现草场而行动起来，其他的羊也会不假思索地一哄而上，全然不考虑旁边是否有狼或不远处是否有更好的草。简单地说，就是头羊往哪里走，后面的羊就跟着往哪里走。

“羊群效应”也可以称为“羊群心态”，也就是一种从众心理。

其实，凑热闹和随波逐流是人性的特点，在百货公司或超级市场，人们要是看到别人成群结队、争先恐后地抢购某种产品，也一定会毫不犹豫地加入抢购者的行列。这些顾客并非真的需要这些东西，这种产品也未必物美价廉，主要就是由于人们有从众的心理，看到别人购买，就会盲目地认为这么多人的选择一定不会错，所以也对产品产生了信赖感。

在终端销售中，销售员也可以利用人们的这种从众心理来促成交易。比如，销售员可以对客户说：“大家都买了这个东西”或“隔壁和对面的太太都各买了一打”。事实上，“大家”是否真的都买了，是不可验证的，也是不重要的，对客户来说，我们只要讲“大家”这两个字，就可以激起他们的购买欲望。

日本“尿布大王”多川博就是利用从众心理来打开销售市场的。在多川博创业之初，他创办的是一个生产销售雨衣、游泳帽、防雨斗篷、卫生带、尿布等日用橡胶制品的综合性企业。但是由于公司泛泛经营，没有特色，销量很不稳定，曾一度面临倒闭的困境。一个偶然的机会，多川博从一份人口普查表中发现，日本每年约有 250 万婴儿出生，如果每个婴儿用两条尿布，一年就需要 500 万条。于是，他决定放弃尿布以外的产品，实行尿布专业化生产。

尿布生产出来了，而且是采用新科技、新材料，质量上乘；公司花了大量的精力去宣传产品的优点，希望引起市场的轰动，但是在试卖之初，基本无人问津，生意十分冷清，几乎到了无法继续经营的地步。多川博万分焦急，经过冥思苦想，他终于想出了一个好办法。他让自己的员工假扮成客户，排成长队来购买自己的尿布，一时间，公司店面门庭若市，几排长长的队伍引起了行人的好奇："这里在卖什么？"、"什么产品这么畅销，吸引这么多人？"如此，也就营造了一种尿布旺销的热闹氛围，于是吸引了很多"从众型"的买主。随着产品不断销售，人们逐步认可了这种尿布，买尿布的人越来越多。后来，多川博公司生产的尿布还出口他国，在世界各地都畅销开来。

"大家都买了，我也买"，客户很容易产生这样的心理。所以在销售过程中，销售员不妨利用客户的这种从众心理来减轻客户对风险的担心，从而促成交易。尤其是对新客户，这种方法可以增强客户的信心。销售人员在利用客户的从众心理时，要注意以下几点，以保证取得良好的效果。

1. 保证产品的质量是必要前提

好的产品质量是利用客户从众心理的前提。例如，多川博企业能够充分利用客户的从众心理使销路打开的前提是生产的尿布质量好，只有这样，客户购买后才能真正认可这种产品，才能继续购买。因此销售最终还是要以质量赢得客户的，而利用从众心理只是吸引客户的一个手段而已，如果客户购买产品后发现质量不过关，那么他是不会再上第二次当的。

2. 向客户列举具有说服力的老客户

客户虽然有从众心理，但是如果销售人员列举的成功例子不具有足够的说服力，那么客户也是不会为之动容的。所以，销售员要尽可能选择那些客户熟悉的、比较具有权威性的、对客户影响较大的老客户作为列举对象。否则，客户的从众心理很难被激发出来。

例如，销售员可以这样说："国内许多知名品牌的电器设备公司都是从我们公司购买这些小配件的，比如××集团……另外，一些大型著名家电超市和商场，也由我们长期供货。比如，市销售量最大的××超市，被称为质量最安全的××商场……"客户在听了销售员的这番话后，肯定会想："连某某集团这样具有知名度的企业都在他这里采购，那我也就放心了。"这样客户就很容易签下订单。

3. 所举案例必须实事求是，不能存心欺骗客户

销售员要想引导客户的从众心理，所举的案例一定要是事实，既不要用谎言编造曾经购买的客户，也不要夸大那些老客户的购买数量。如果销售员列举的案例不真实，就很可能被揭穿，这会严重影响客户对销售员及公司的印象，使销售员和公司的声誉受损。销售人员必须实事求是地去引导和说服客户，否则就是自砸招牌。

4. 利用从众心理也要因人而异

现代社会是一个崇尚个性化的社会，在销售过程中，销售员也会发现有些客户喜欢追求与众不同。对于这样的客户，就不要轻易使用此种方法，以免弄巧成拙。

利用客户的从众心理进行销售时要注意适度，不要让客户觉得我们在忽悠他，产生被欺骗和愚弄的感觉。

马路上经常看到这种情形：某商店门口突然排起长队，如果问排在后面的人“买什么”，多数人会摇头说不知道，这种现象便是典型的购物从众现象。从众心理是导致这一现象发生的根本原因。

所谓从众心理即是个人的观念与行动由于受群体的引导或压力影响，不加分析地接受多数人认同的观点或参与行动的一种心理。即大家所说的“随大流”。一般来说，人们的行动会跟随群体的倾向，表现在消费方面就是当一些人说某种商品好时，会有很多人跟风购买。即使他们不知道这种商品质量究竟好不好，但只要跟着大家一起购买，心里总有一种满足感和安全感。他们认为：一方面，大家都在买，说明产品质量应该不错；另一方面，即使真的上当受骗了，也不是自己一个人倒霉。从众心理让消费者有一种安全感，排队的长龙便是这条安全感的生产线和彼此馈赠的安全感的纽带。

一位心理学家曾做过这样一个实验：他要一群人试听两首曲子，并告诉大家第一首曲子是名家所奏，第二首则是一个无名小辈所奏。他让大家仔细听，并品评一下。听完之后，几乎所有人都说第一首曲子好听，第二首没有什么吸引人的地方。但实际情况是第二首才是名家所奏。这个实验说明从众心理对人们的心理有一种引导作用。从众心理一方面来源于人们对商品的不信任感，即安全感缺失。另一方面，消费者在购买商品时有时候是盲目的，也就是说从众心理可以帮他们作出最后的购买决策。

针对消费者购物的从众心理，商家可以通过营造排队气氛来勾起消费者的从众心理。例如，一家商店，在周末购物高峰时，让自己的员工扮成顾客的模样在店门口排长队进行购买，从旁边经过的行人看到这种情形也纷纷加入了队伍进行购买，从而这家店当天创造了营业以来的最高纪录。这则事例倒不是让商家们纷纷效仿，我们应当从中汲取的是利用消费者的从众心理，有意识地制造“从众氛围”，这也是一种很重要的销售策略。也许你的商品并没有质量问题，只不过由于消费者不了解商品导致无法销售，这时可以制造一下从众效应，适时适当地给消费者一种引导。

当然，虽然利用这种心理有利于商品的销售，但是从长远看，从众心理可以吸引顾客购买一次，甚至两次，但如果你的商品并不是货真价实，最后还是不能留住顾客而且还有可能会失去人心。所以，只有在保证商品和服务质量的前提下，对从众心理的利用才能发挥更大作用。

怎样调动顾客的参与心理

专家点睛

要想得到顾客的参与，那么就先让顾客参与到你的产品中来。

不同顾客有不同的需要，产生不同的欲望，有不同的担忧与疑虑。因此，不能用千篇一律的方法去激发所有客户的欲望。销售人员平时必须准备很多理由与方式，然后因地、因人运用，应做到随机应变。激发购买欲望的方法主要是强化顾客的购买情感。

有时顾客在对产品产生兴趣后仍不买或者提出一些不能成立的理由。这说明顾客缺乏欲望不是因为对产品无兴趣或不了解，而是情感上仍不能全部接近推销的问题。一个不想被说服的人是永远也不会被说服的。如果顾客情感上有对立情绪，那么销售人员无论怎样介绍产品也不可能激起顾客的购买欲望。所以销售人员在检验出顾客在情感上仍有消极心态时，不应急于介绍产品。而应再一次对顾客的问题、困难、处境等表示同情与理解。这时需要重新建立顾客信任，重新让顾客理解销售的意愿为顾客服务的愿望建立信任，沟通情感的方法第一是诚恳，第二还是诚恳！要用理智唤起顾客的购买欲，引导是从情感上激发顾客的购买欲望。而充分说理是用理智去唤起顾客的购买欲望。充分说理就是摆事实讲道理，为顾客提供充足的购买理由。

参与和体验是令顾客信服并能迅速做出购买决定的最好的下单理由。卖西瓜要让顾客品尝，卖衣服要让顾客试穿，卖汽车要让顾客试驾，卖电动车要让顾客试骑。

当顾客表示出对购买产品的质疑时，最好给顾客试一试，让顾客买个放心。再者，当顾客犹豫不决时，导购员最好让其试用产品，以增强其购买信心。

在一家商店的女装专柜中，小敏负责夏装区域的销售工作。某天一位中年女顾客来挑选衣服，小敏见她挑选了半天，但还是下不了决心。于是小敏就上前与她攀谈。

“小姐，请问您需要一件什么样的衣服?”那位小姐说：“我想买件衬衫。”“哦，您想要的衬衫我们店里有刚到的新款，您可以跟我来看看。”说着话，小敏就将客人带到了衬衫区。但这位客人还是只是看看，并没有相中的意愿。这时小敏灵机一动，她表示客人可以先穿上看中的衣服看看效果，如果还是没有相中的那就再说吧。

于是在小敏的招待下这位顾客试穿了好几件衬衫，最后终于敲定买了两件自己觉得中意的，并且谢谢小敏细心的照顾。

“试消费”并不是什么新鲜促销手段，但是很多门店商家却不舍得采用，像一些卖服装的门店就很怕用“试消费”，他们认为如果店中的衣服被一件件试穿过后，就很难卖出去。但是试想，如果不让消费者试穿，衣服就一定能卖出去吗？不是任何一件看中的服装都适合自己，所以在买衣服时，一定会试穿后才决定购买。“试消费”能让自己收集到用户的真实体验，从而改进产品、服务上的缺陷。

比如一家服装专卖门店的实例表明，试穿是促使成交的良好方式。服装的试穿服务，是服装营销过程中的重要环节，当顾客挑选到自己心仪的衣服款式后，经营者或店员一定要劝说其试穿，因为试穿是促使顾客决心购买的催化剂。

“怎么样？喜欢的话，可以试穿；这是我们的新款，欢迎一试。”这几句话几乎成了中国服装店销售中的经典用语，有的经营者或店员只要看到顾客一进店或者开始触摸衣服就这么大声招呼，让顾客听得耳朵都起老茧，但其实说的都是废话，因为顾客买衣服肯定要试穿。

经营者或店员要求顾客试用产品的时候，第一，要把握建议其试用的机会，不可过早地提出试用建议；第二，建议顾客试用时一定要有信心，这种信心可以通过语言与肢体的力量表现出来；第三，建议试用时不要轻易放弃。如果对方拒绝，应该事先想好如何再次要求对方试用的充分理由，并让顾客感觉合情合理，但建议试用不要超过三次，否则就会让顾客产生反感情绪。建议顾客试穿时，店员可以这样说：

“小姐，您太有眼光了。这件衣服是我们这个礼拜卖得最火的一款，每天都要卖出五六件呢。以您的身材，我相信您穿上后效果一定不错！来，这边有试衣间，请跟我来试穿一下吧……”

如果对方还不为所动，那就继续说：“小姐，其实衣服每个人穿的效果都不一样，不管我说得再好，如果您不穿在身上就看不出效果。小姐，您买不买真的没有关系，来，我先帮您把这件衣服的扣子解开。”

要想得到顾客的参与，那么就先让顾客参与到你的产品中来，这样，门店销售才会得到实体的展现空间，才能更有力量的得到更多人的参与购买。

如何激发顾客的好奇心

专家点睛

使顾客对你的产品感到非常好奇，这是引发其购买欲望的前戏。

顾客看完你的商品后，并不想去购买。这个时候，你直接向其讲述该商品同其他商店所售商品相比，质量如何如何好，价格如何如何低，顾客是听不进去的。假若有一种法子，能够使顾客抱着一种好奇心，停下来，听听你的讲解，则就能够使你所售商品卖出。

好奇心是一种非常有推动力的人类天性。它们是那些我称之为能促使客户“愿意”参与的因素。有些终端销售人员花费了大量的时间来满足客户的好奇心，却很少想过要努力激起客户的好奇心。

只是去满足客户的好奇心，这样会大大降低顾客进一步参与的欲望。想一想：如果你的客户已经掌握了他们想要了解的所有信息，他们还有什么理由非得让你引导不可呢？同样，如果客户对产品没有什么好奇的话，又有什么理由要听你的销售陈述呢？

普通的终端销售员总是设法满足客户的好奇心，而销售的高手则是去努力激发客户的好奇心。如果你希望顾客和潜在客户主动想要了解更多信息，那么不要一开始就把所有信息都告诉他们，一定要有所保留，这就意味着你可以在以后提供更多信息，从而激起客户的好奇心。

某手表门店的手表起初并没有受到顾客的关注，而店铺则面临倒闭的危险。为了能让自己的店铺起死回生，此店铺的经理对一些顾客进行了随机调查，他想知道为什么顾客对手表不感兴趣。

调查结果出来了，非常简单：顾客对手表之所以不感兴趣除了现在的通信设备，比如说手机有了手表的功能之外，最大的问题就是顾客对手表质量存在疑问。毕竟很多手表外表非常好看，但是质量却很一般，甚至很差。因此，要想改变顾客的态度，就必须做出一点让他们信服的事情来，否则一切都将朝着不利于自己的方向发展，最终只能倒闭。

正好市里的门店商品展销会很快就要举办了，店铺经理决定在这个展销会上露一手，让顾客开开眼，经理还请到了电视台的记者，准备给自己的商品做做广告。

很快，展销会的时间到了。这天，在展销会的门前，店铺经理特意做了一个巨大的广告，上面的广告词很简单："如果你想看看手表在水里是怎么走的，那么就来××展柜。"

手表在水里走，这不是开玩笑吗？带着种种疑问，顾客纷纷来到展柜前一看究竟。果然在水里，顾客看到了正在走动的手表，并且半个小时过去了，手表竟然一点问题都没有。当然，电视台的记者记录下了这一夸张的时刻，在随后几天的电视广告中轮番播放。

不久，这个店铺的生意开始好转，很多顾客都是在看了那段夸张的广告之后才来的，他们要求放在水里试一试。营业员二话没说，就直接丢到旁边的鱼缸里，15 分钟过去了，手表表针还在走。顾客们在惊叹声中掏出了钱包。

“夸张好奇效应”就是要让顾客感到不可思议，用一种违背常规的行为或者思维来做某件事情。就好比将手表放到水里一样，以此来吸引顾客的好奇心。

激发客户好奇心的另一个方式就是显露价值的冰山一角。

这也是一个很有效果的策略。因为在客户面前晃来晃去的价值就像是诱饵一样使他们想要获得更多的信息。如果客户开口询问，你就达到了主要的目的：成功引起客户好奇，使客户主动邀请你进一步讨论他们的需求和你所能提供的解决方案。这种技巧实际上就是利用刺激性的问题提供部分信息让客户看到价值的冰山一角。客户都很自然地想要了解更多情况，你不就有了一个愿意给予你时间和注意力的好奇客户了吗？

顾客对新、奇、特、优惠、活动、特价等字眼非常感兴趣，因为每位顾客内心总是希望自己能够买到价位比较低的产品，所以您可以利用这种心理去激发顾客，比如：“小姐，您太幸运了，我们现在正在搞全场优惠活动。”“小姐，其实我觉得像您这么有品味的人，我们这款特别的衣柜风格设计一定很适合您。”

人类社会的发展是和人类的好奇心有非常大的关系，法国和意大利合拍的电影《智人》就讲述了类人猿到智人的演变过程，好奇心是人类认识大自然和自身的原动力。由于好奇心人类不断地探索，不断地累积知识和文化。同样的道理，在销售过程中，好奇心也是促使产品更新，提高产品销量的重大心理因数，那么作为销售员怎样来利用好奇心提高销量呢？

（1）利用好奇心引起客户对你产品的注意。在东北曾有一个小酒厂，生产了两年多，就是打不开市场，快要倒闭了，只剩下老板一人骑辆破单车，给饭馆和食杂店送酒。由于价格偏高，一般老百姓喝不起，高消费人群又嫌这酒没有名气。老板准备把厂子关掉，有一天，一饭馆老板说："能不能让我尝尝你的酒，看你那么辛苦，怎么你的酒就是卖不出去呢？"酒厂老板当时打开一瓶，给临近的几桌都倒上，没想到这酒芳香扑鼻。这时包厢出来一位，问："什么酒这么香，给我们里边来两瓶。"不一会儿整个饭馆都是这酒的香味。饭馆老板说："你剩下的几箱我都要了，给你出个主意，每家饭馆你都送上两瓶，写上此酒喝一口香三里，不香不要钱。"果然这个酒两个月成了这个地方的名酒。酒厂老板很快买了车，酒一时供不应求。

通过这个例子我想告诉大家的是：在你的营销策划时，一定要想方设法把自己的产品卖点神秘化，尽量让客户对你的产品产生好奇心，实际上很普通的产品也会产生好奇心。比如：我的笔写出来的字有香味。这种产品肯定能引起学生们的好奇心。

（2）制造悬念引起好奇心。曾有广东一房产公司，开发了的楼盘就是卖不出去，有一策划公司出主意，在南方日报上打广告，整一版只打了五个字：寻找碧桂圆！这一期的报纸读后，很多人都注意到了，碧桂圆是什么？过了几天，又登了一整版：有人发现了碧桂圆！更给读者留下悬念。竟有人打电话到报社问：碧桂圆是什么？又过了几天又是一整版：碧桂圆是你安在广州的家！这时人们才恍然大悟，原来碧桂圆是一个新建小区。很快房子都卖出去了。

这个例子更进一步说明，好奇心很容易让人们记住你的产品。

（3）根据产品的销售人群，来策划好奇心。一般来说，孩子的好奇心最强，所以在销售儿童用品和学习用具时，你的产品能让孩子的好奇心越强你的产品越卖的好。其次，是女人，男人，最难引起好奇心的是老人。

好奇心是销售中最应掌握的销售心里，在平时的产品销售中，也可以使用。比如：你在向客户介绍产品时，尽量介绍新的功能和用途。尽量从边缘模糊的功能说起，引起客户的好奇心。还有就是用词的新颖也是引起好奇心的手段之一。

第八章
卓越成交实现效能高突破：让你的女客户占尽你的便宜

销售中什么时候是成交时机

专家点睛

销售关键的成败是最后一步，所以此时一定要见机行事把握好分寸，达成最终让顾客签单的目的。

顾客在购买过程中，她的购买决定是自然而然决定的，因而毫无疑问可以从她的表情举动仪态或者脸上就可以找到成交的信号与时机，这些信号你是否注意到了呢？

在门店销售而言，任何与顾客沟通的时候都是在进行交易的过程中，然而在这个销售过程之中，任何时候都可能是成交的时机所在，那么这些精妙的机会把握就要看我们终端人员的销售意识是怎样的水平。

比如，当顾客问某项事情或某种商品的有关事项时、当她开始沉思时、翻看价格卡，注意商品价格、确认商品是否有污损，制作是否精良时，当她很小心地处理某样商品时，这证明她已经把商品当做是自己的东西了。

在顾客有这些举动后，你可以再向她强调一个适合，方便的优点，然后轻声地确认："这个可以吗?"如果顾客还在比较两种商品，你应该注意哪个是她最中意的，并集中在这个商品上推荐，顾客通常会在无意中对她所喜欢的商品做出动作，但此时一定不能说两个多好，叫她两个都买的暗语心理提示等。

当某顾客对某种商品总是多看了两眼，一再触摸该商品或将商品放在手边。作为一个门店销售人员，一旦顾客明确表示了意愿，就应该表示出你的合作态度，例如我可以帮你包起来了吗？尤其是那种拿不定注意，老是犹豫不决的顾客，如果我问是不是包起来，当她好不容易支吾出来的时候，一定要速战速决，不要再给她反悔的机会，接下来当然是买单，然后你再回到正题，顺便再扯下家常，那样顾客就不会感觉到购物的紧张了。

成交时机是指顾客通过语言或行为表现出来的可能采取购买行动的信息。在销售过程中，如果顾客已经产生购买意图，那么总会有意无意地通过语言、表情、行动流露出来，尽管成交信号并不必然导致成交，但销售人员可以把成交信号的出现当做促进销售的成交时机。

多数情况下，顾客的购买意向都是通过语言表现出来的。销售人员要多注意这些能够比较明确地表达顾客的购买意向的语言。比如说，顾客在某店铺专柜试穿了一双品牌鞋。

顾客：价格能不能再低一些?

门店销售：很抱歉，我们店铺的货品保证质量，都不打折。

顾客：如果出现质量问题怎么办？

门店销售：如果发现质量问题，您一个星期之内都可以退换。

顾客：那这双鞋平时应怎样保养？

门店销售：平时多上油打理，不穿时及时清洁，放入鞋撑，保持皮面完整……

从这些问题来看，顾客很有可能已看中这双鞋，并且已经有购买的打算。只要销售人员积极地回应顾客的问题，打消他的疑虑，成交的可能性就会大大提高。

顾客在决定购买时，通常会提出这样一些问题：鞋子的保管、储存、清洁、使用与保养需要注意的事项，鞋油、鞋刷、袜子的赠送等；开始讨价还价，或问是否可以再降点价；对商品的一些小问题，如规格、包装、颜色等提出具体的修改意见与要求；用假定的口吻与语句谈及购买等。如果顾客的语言由提出异议、问题等转为谈论以上内容时，销售人员可以认为这时正是成交时机。

另外，当顾客舍弃很多同类款式，只对其中的一件详加询问，反复挑选；反复关心鞋子的某一优点或缺点，再三询问早已清楚的问题；再三询问同伴对鞋子的意见，这些都是成交时机。

顾客也会通过某些行为表示出购买意图。销售人员可以通过观察顾客的动作，识别顾客是否有成交的倾向。因为一旦顾客完成认识与情感过程，拿定主意要购买产品时，他会觉得一个艰苦的心理活动过程结束了，于是他会出现与听导购介绍商品时完全不同的动作。

顾客通过面部表情表现反映了顾客的感受和心情，但通常表现得比较微妙，且具有一定的迷惑性。因此，销售人员要学会观察，及时抓住这样稍纵即逝的时机。优秀销售可以经过反复观察和认真研究，从顾客微妙的表情变化中读出成交时机。

由此可见，在销售过程中，时刻都是销售成交的好时机，就看我们销售人员如何去更好地把握和运用。销售人员可以通过对顾客的语言、行为、表情等来识别顾客是否有成交的倾向。需要注意的是，千万不要因自己太过健谈而去忽略顾客的购买意愿，要知道，任何时候你认为你听到或看到了一种购买信号，就应该立即向顾客提出成交的请求，否则很容易错过稍纵即逝的成交机会。

成交时应当说什么

专家点睛

什么样的举动和语言才能让我们成功的带领顾客买单，这是最重要的结果。

优秀的销售人员，通过消费者心理活动与行为分析，可以观察消费者现场行为来做出判断，得到消费者心理决定购买的暗号：

当顾客不停地询问同一个问题，并渴望多次被肯定的回答。或拿起宣传单页当销售员的面反复的观看。当她有意的挑剔产品的毛病、询问售后服务、送货等事宜时。另外，消费者一些不经意的动作和行为也会暴露购买欲望。当她攥着的手松开了、不自觉的多次抚摩商品等。

如果通过你的观察，你的顾客出现了上述情况中的任意一种，那么都能够表明顾客已经产生了购买的欲望和冲动，此时，该及时的提醒你的顾客，该购买了。

不要在此时继续喋喋不休地讲下去，要知道，有时候购买欲望和冲动稍纵即逝，中国有句古话“言多必失”，也许有时候会因为你多说了一句不该说的话而造成整个销售过程的失败。这就是适时结案的重要性。

懂得抓住时机，在适合成交的时候说结案的话，还需要知道一些好的结案的方法。有时候顾客的心理是在“买”与“不买”之间来回游动，这个时候，需要你大胆的行动，以帮助其做出购买的决定。下面几种在即将成交时的说话方法可供参考：

“我们店铺的领导用的就是这个机器，你放心买吧，不会错的。”运用权威人士、熟人，或其他具有代表性的人群作为榜样，来帮顾客下定决心。

“您真有眼光，这款椅子，我们这星期都卖了30多把了，好多人都喜欢这种样式的。”利用消费者从众的心理，促使其购买。

“如果您觉得可以的话，我来帮你开票吧。”采用帮助下决心的方式来鼓励顾客作出决定。

“这台机器您买回去后，家里人一定会很满意的”。通过暗示别人的看法，来坚定顾客自己的判断。

还有许多方法，在实际的销售过程中需要根据不同的消费者、不同的消费环境下，采用不同的结案策略。

你一定去菜市场买过菜，可能你并没有留意，卖菜的农民一般是结案的“高手”。当你问到“这个菜多少钱一斤？”的时候，卖菜的农民通常会马上给你递上一个塑料袋，注意：暗示你可以装菜了。同时告诉你多少钱一斤，这个时候你往往不自觉的接过塑料袋，去挑选你喜欢的菜了。这是个很奇怪的现象，观察很久，发现面对菜农递出的塑料袋，几乎很少有人拒绝。菜农没有研究过“营销”，也不懂什么是“结案”，但是通过长时间的实际操作，却有了自己的一套成交时的举动，递塑料袋这个简单的动作，已经是在暗示你做出购买的决定，鼓励你下定购买的决心。这正是我们在成交时最应该掌握的技巧。

可见，只要善于观察和总结，每个人都能够成为销售高手，所有的营销理论与技巧，无非都是来源于日常生活，同时服务于日常生活。

沫沫在一家化妆品专柜店做终端销售人员。一天，有一位年轻白领来到她的柜台前想试用一些护肤霜和眉笔。沫沫就按照顾客的要求拿出了试用品来供顾客使用。当这位白领小姐表示对一款天鹅蓝的眉笔感到有兴趣时，沫沫就向她介绍起这款特别的款式来。

沫沫认真又聪明的介绍了所有这位小姐喜欢的产品之后，这位白领小姐还在仔细地观看着手中这些被沫沫描述的独特别致的化妆品。这时沫沫微笑着对这位小姐说："小姐，如果您喜欢它们，就将它们带走吧。这些都应该是属于你的。"这时小姐已经完全被产品和销售的技巧所折服。沫沫又接着说道："小姐，需要我为您包装起来吗?"

顺理成章的成交过程就在这样一举一动的偶发之间产生。我们在面对与顾客的交谈和观察到成交时机的时候，什么样的举动和语言才能让我们成功的带领顾客买单，这是最重要的结果。

如何踢好临门一脚

专家点睛

销售过程中的最后一个动作，就是要求准顾客订购。若顾客答应订购，下了订单或签署了采购协议，我们就完成了临门一脚。

在终端销售行业有句名言："如果没有缔结，那就意味着什么也没做。"这句话听起来有些残酷，但事实的确如此。销售人员从销售准备开始，他所做的一切和每一份努力都是指向缔结，没有缔结，所有的努力和辛苦可能都是白费。如何让顾客说"我要"、"我愿意"、"希望由你来为我们服务"是本专题探讨的主题，请务必牢记：缔结是销售人员的天职！

临门一脚的确很重要。然而，国内外的一项权威研究表明：62%的销售人员无法获得承诺。许多销售人员在进行到这一步时都失败了，原因何在?

缔结是终端销售中的一个专门术语，也是最重要的销售术语之一。狭意的缔结是指销售过程中的最后一个动作——要求准顾客订购。若顾客答应订购，下了订单或签署了采购协议，我们就说缔结成功了；反之，若顾客延迟订购或拒绝订购，我们则称之为缔结延迟或缔结失败。广义的缔结是指销售人员在销售过程中得到的由顾客做出的任何确认行为。比如：顾客承认产品的某项功能确实能帮他提高效率；顾客同意销售人员做产品展示等。

终端销售人员不要害怕在缔结时遭到顾客的拒绝，要把缔结当成测量顾客内心想法的最有效武器，透过缔结动作，你能了解顾客目前是真的有兴趣，还是没有兴趣？可以发现顾客目前还有哪些影响购买决策的异议，除非能化解这些异议，否则，顾客将不会同意购买。还可以发现顾客真正的关心点在哪里。

1. 成交态度

当完成交易的时刻到来时，终端销售人员的态度对潜在顾客的影响很大。终端销售人员对顾客应该诚实，以下原则可以帮销售人员建立正确的成交态度：

认真准备，诚实表现。

对潜在顾客的需求应保持高度的敏感。

不要表现出急于成交的心态。

善于换一个角度看问题。

全盘考虑自己的陈述。

带上产品、样品、模型、订单、笔和相关的东西。

在安静的环境中安排会晤，在相互信赖的基础上达成一致。

在谈判中不要强迫潜在顾客。

尽可能表现得自然一些。

相信产品一定能售出。

让潜在顾客尽早买，最好是在完成陈述以后。

不要为产品、公司和价格向潜在顾客道歉。

不要因为浪费了潜在顾客的时间而道歉。

不要提有关潜在顾客的需求能力和支付能力的问题。

不要建立任何可能阻止潜在顾客进行购买的障碍。

不要许下不能完成的诺言。

不要否定竞争对手。

不要永远沉溺于成交。

2. 缔结时机

顾客购买心理的每个阶段性变化（如注意、产生兴趣、产生联想、产生欲望、进行比较、下定决心及提出异议）都会提供缔结机会。在实际销售过程中，下列情况出现时一般是缔结的好时机：

当顾客觉得他有能力支付时。

当顾客与你的看法一致时。

当顾客说出“喜欢”、“的确能解决我这个困扰”时。

当顾客关注的问题得到圆满解决时。

当顾客询问售后服务事宜时。

当顾客询问货款支付方式时。

当顾客询问你目前的顾客时。

当顾客提出的重要异议得到回应时。

当顾客认可你的建议书时。

当顾客对你有信心时。

当顾客听了你的说明，觉得你很自信时。

当顾客认可你所总结的产品利益时。

3. 缔结准则

缔结是关键，缔结也是一种意识，销售人员应时刻捕捉缔结机会，敏锐地把握每一个缔结机会（含最终缔结、中途缔结、试探缔结）。那么，我们在寻找缔结机会时有哪些准则可以遵循呢？通常，我们可以遵循以下准则：

经常缔结。能让你显得更犀利、更有效率，更能引导销售的方向及进展。

对每一个销售重点要做缔结。当你说完每个销售重点后，要做缔结努力，以确认自己所讲是否符合顾客的特定利益。

回应了顾客的重大异议后缔结。在化解了顾客重大异议后，可试探着进行缔结，因为此时其他的异议相对来说已经显得不重要，即使顾客再提出其他异议时往往也不会很坚持。或者，你此时也许只要做一点小让步就可以缔结成功。

怎样提高顾客回头率

专家点睛

店铺的成功，绝大部分来源于一些老顾客。只有提高回头客，才是门店生存的长久之计。

门店从古至今在商业交往中都有着非常重要的地位，从消费者行为和购买偏好来看，很多消费者是在门店里看到商品以后才做出购买的决定。根据一份市场调查报告可知，很多人进商场只是随便逛逛，其中83.6%的消费者是非计划性购买，而91.6%的消费者是到了门店才决定购买商品的。可见，门店营销在市场营销中所起的作用不容小视。

一个店铺的成功，绝大部分来源于一些老顾客，那么如何让新顾客变成回头客也就是老顾客呢?

顾客满意管理是以顾客满意为核心的管理和经营方式。在当今的经济和社会环境中，市场竞争的范围和激烈程度是前所未有的，在销售方和购买方的博弈中，主导权开始转移到顾客的手中，不从顾客的角度出发考虑问题，不能使顾客满意的店铺，注定要被淘汰出局。

顾客在每一次与店铺发生接触时，他们会根据自己的感觉对其产品或服务做出评价，该评价将决定他们的后续购买行为，所以店铺必须要重视产品和服务的质量。

情感交流活动很有价值，能够满足顾客的爱好，从而加强顾客与店铺的联系。通常，建立顾客与产品、服务、店铺的某种情感依恋的活动效果，或是联谊活动的效果，主要取决于店铺了解关键顾客的兴趣或情感联系的能力。

没有什么比被人当做老朋友一样看待更让人感到亲切了。许多人都说他们喜欢去一个店就是因为那里有一个店员让他们感到热情和舒服。调动店员的工作积极性，当每个店员都高度热爱自己的店铺，热情对待店铺的每一位客人时，那么店铺在顾客面前就有号召力，自然提升了店铺的竞争力。

采取顾客分级的方式，对忠诚度越高的顾客做越多的投资，让他们享受特殊的优惠和更多的好处。比如，许多商家发行自己的VIP卡，用于奖励自己的常进顾客，顾客在持卡购物的时候就可以获得一般消费群体所不具备的优惠。

如何提高客户满意度，使其为企业创造更大的利润空间，应该是各个行业都十分关注的问题。只要我们持之以恒，就能慢慢改善客户满意度。

现在很多门店为了增加客人的回头率，提高经济效益和社会效益，都非常重视提高客人对门店的满意度，采用优质服务和个性化服务等各种措施来提高顾客对门店的满意度。可见，满意度对于门店行业增加更多的回头客来说是一个极其重要及重心的因素。

门店该如何才能提高客人的满意度呢？从顾客的角度来说，如果环境好，设施全面，服务优，才会愿意再一次光临。所以，无论是从硬件还是软件方面都必须考虑全面，把服务工作做得尽善尽美，让客人感到亲切、温暖，并且享受购买过程。

在硬件方面，我们可以从环境、装修环境、配套设施，设施设备和物品配置等几个方面；在软件方面，我们要用热情、主动、耐心、周到的优质的服务，优良的秩序和环境，还有完善的安全体系。如果门店这些硬软件方面都做得完善了，请大家不要忘记，价格同时也是一个很重要的方面。门店应根据地区消费水平设定价格标准，让客人感到消费超值，这样客人一定会满意。

综上所述，门店要有完善的管理体系，为客人提供优美的环境、服务和营造轻松、愉悦的购物氛围，让客人随时都感受得到亲切和蔼、快捷方便、安全舒适、温馨体贴，轻松顺心的温暖购物，只有这样，才能持之以恒地令客人满意，才会有更多的回头客。

有间品牌时装店，虽然名头打的是时装店，但除了经营时装外，他们店铺也经营销售皮鞋。为了方便顾客，该店开设了预约服务。不久前，一位过去曾在该店购买鞋子的女士，又想买同样的一双高跟皮鞋。很不巧，这种鞋子已经卖完了。于是，服务员记下她的要求和电话号码，然后与上海的厂家联系。几经周折，终于在一间商场找到了这种鞋子。当这位女士拿到鞋子时，非常感动，后来她便成为这家服装店的常客。

为了让顾客买得放心，该服装店对皮鞋实行“三包（包修、包换、包退）。”一次，一位中年男士想为妻子买一双平跟皮鞋，服务员热心地为他做参谋。第二天，那位男士回来说妻子不满意，想换另一款，服务员二话没说，为他换了鞋子。接连两天，这位男士又因鞋子的码数不合适，两次前来换鞋，销售人员都热情接待了他。

此外，该店还要求销售人员工作认真细心。前不久，一位老大妈花 90 元为老伴买了双休闲皮鞋。几天后，她看到该店相似的另一双鞋售价是 75 元，便以为是相同的鞋子，服装店多收了她 15 元。该店得知了这一情况后，认真查找原因，发觉顾客把相似的两种鞋搞混了，于是设法与老大妈取得联系，说明情况，消除了顾客的误会。热心、细致的服务，正是这家时装店拥有众多回头客的秘诀。

如何吸引回头客？这是门店行业面临的重要问题，初步归纳，现在比较常用的吸引回头客的方法有以下可以借鉴的 8 种方式：

（1）实施 VIP 卡制度，形成比较稳定的顾客群。

（2）联谊活动，比如举办产品讲座，购买捐款等活动。

（3）增加新产品，从口味上，来不断加强和客户的紧密关系；需要从搭配奇特这几个方面来动脑筋吸引顾客。

（4）回馈客户的让利活动，也是吸引回头客的重要手段。

（5）增加和 VIP 的感情投资，比如生日送长寿面，在客人不知道说明生日的情况下，就送上去了，会令客人倍感温馨；有的还会送其他生日礼品。

（6）对客人，一定要扪住心口做事，不欺客，不能让客人有吃亏、受骗的感觉。如客人对店铺有意见，立马对顾客解释清楚一切事项。

（7）注意服务细节，一定要让顾客有好的感觉、灯光调节、座椅舒适、背景音乐、格调色彩、服务意识、肢体语言等。

（8）永远不变的话题就是卫生问题，这是第一的大事情。

总之，站在客户的立场去思考，就会发现许多可以吸引客户回头的方法。吸引回头客的最佳时机莫过于和客户的第一次接触。当客户上门后，能吸引他们回头的主要是环境和产品。

对于门店店长来说，老顾客是门店宝贵的资源。因为开发新客户的成本远高于维护老顾客，因此，在门店经营中，要不断想方设法让新顾客成为老顾客。

1. 信守承诺

店员对顾客做出的承诺是需要履行的。但是在现实销售过程中，店员在忙于取悦人们并完成销售时，经常作出无法兑现的承诺。很多店员居然忘记了曾经承诺过顾客什么，这对拥有比较稳固的顾客群的店铺来说并不是一件好事，往往容易引起顾客的愤怒。信守承诺是一种美德，也是一个店铺的经营原则。店铺要想建立自己的良好形象，就必须在承诺上下工夫，而不要将对顾客说过的话很轻易地忘却。这也告诫店员，不要轻易对顾客承诺什么，因为任何承诺的履行都会增加成本。

2. 主动和顾客交流

不要等着顾客主动上来跟你打招呼，要学会主动去询问是否能够帮顾客什么忙，这样往往能够将自己的意见介入到顾客的购买决策中去。当看到顾客似乎在寻找什么商品的时候，店员应该主动询问有什么可以帮助的或者直接询问顾客需要什么商品。这样往往能够勾起顾客的话题，一旦在话题上有了主动，顾客自然愿意和店员交流起来，这样就能影响到顾客的购买，进而了解到顾客的进一步信息。

3. 主动承认过失

如果店员犯了错误，能够主动承认错误，并向顾客道歉，往往能够得到顾客的原谅。门店的经营本来就是小本生意，因此在经营的过程中一定要注意客户群的稳固。如果不小心在言语或者举止上冒犯了顾客，一定要及时地向顾客表示道歉，同时一定要有一种真诚和紧张的态度。真诚的态度往往会被别人接受，紧张的态度往往能够博得别人的同情。

店员在冒犯了顾客后主动向顾客道歉往往也是有素质的表现。对于店员和整个门店来说，根本的目的在于销售产品，而不是争论是非曲直。如果能够销售产品，建立一种顾客与门店的互信，那么谁对谁错，确实关系不大。尊重顾客就要从点滴的小事上做起，让顾客感觉到自己受到了尊重；把顾客当做上帝也需要从点滴的小事上做起，让顾客真正感觉到自己受到重视。这些基本的原则和精神都体现在店员和顾客的沟通之中。店员要学会将矛盾在萌芽状态的时候就处理好，而不要到一发不可收拾的地步才手忙脚乱地去解决。

总体来说，所谓回头客，也是因为顾客对门店产生了感情，建立了深层的新人而再次购买。这种情节的产生不是偶然的，而是在门店的方方面面、点点滴滴的细节中积累起来的，正所谓“诚招天下客”，应该相信，真诚的服务会使得熟客盈门的。

如何做好连锁成交

专家点睛

让门店快速成长：吸引更多的顾客；扩大交易的规模，让顾客更多地消费；提高购买的频率，让顾客更频繁地购买。

说起连锁成交中的“向上营销”，在汽车经销商方面则最擅长使用这项技巧。一旦你同意购买一辆汽车，马上就得到了许多“机会”，比如延长保修合同、防锈涂层、安保系统等多项服务。这些附加项通常会为经销商带来与原始销售相等甚至更多的利润。

同样，每当人们在麦当劳就餐时，这项技巧也将得到充分运用。谁没听过“还要加份薯条吗?”或者“你想要最大号吗?”这只不过让你多花了几角钱，但是当“售出超过十亿份”累加起来，你会发现它没少为麦当劳多赚钱。

当然，曾经用过电视购物服务的人也体验过这个技巧。当下了一个订单后，顾客便会不可避免地被问到需不需要再以特别价格加一瓶超级油污洗洁剂，如果他们已经买了两瓶的话。

这种提供“附加项”或者“再来一份”的技巧完善了向上销售

的艺术。不必从心理学层次上深究这个技巧为何如此有效，我们需要在脑海中牢记的、最重要的是，只要以你自己的方式简单地问一句“还要再加一份‘薯条’吗?”，平均利润就将得到 20% ~66% 的提高。

在线的向上销售应用起来更快更容易，网络上有三种方式可以发挥向上销售的威力。

一是在你的定购页面上设置“向上销售”，这是使用该技巧的最简单方式。它可以简单到只要在你的定购表格上设置一个复选框，或者是加上关于附加项的一或两条描述，如“只需 100 元就可以将上门维修服务延长一年，是的，我确认”，或者“点击这里，只需 30 元就可以再购买一瓶神效的清洁剂。”

一般而言，你有望获得 25% 的向上销售率。这就意味着，仅仅因为在你的订购页面上加了几句话，每四个顾客中就有一个会掏出更多的钱购买你的商品。

二是使用一个“中转”页面，一旦目标顾客点击了定购的对话框，他们就被带到新的页面。这个页面展示给人们一个特殊的供货承诺。“只限今日”，并且“只需再加 × 元”，就可以将他们想购买的产品升级到豪华版或黄金版。

你可以让向上销售带来数目可观的赢利，或者让它成为无关紧要的额外利润。把这个技巧看做是购买一个 20 元的汉堡并且被问到是否需要“超值套餐”一样的事情吧。

MyInstantSalesLetter. com 网站卖出了一件价值 80 元的商品。当一名顾客点击了购买框，他们将会被带到一个“中转”页面，只需再加 30 元，就可以获得一个黄金版或者加大版包装。

他们认为，如果在 Instant Sales Letters 消费 80 元，同样也会再花 30 元买我要的一切。但表述这个交易的方式是，只要再付 30 元，而不是一共 110 元。30 元和他们无论怎样都要花费的比起来微不足道。只是多设置了一个页面，你却获得了额外的利润。

三是推荐一项产品或服务，每当你在亚马逊购物时，他们必定会这么做。跳出一个页面，上面写着“购买了 X 的顾客同样也购买了 Y”，然后展示许多商品以供挑选。对于你而言，浏览自己的记录，看看在过去的交易内有没有同样的类型，以及在你的订单或者中转页面上写着的“购买了这个电子游戏的顾客也购买了一个特制的电视适配器以及 12 包电池”，这有多难？

现在，你必须公平竞赛，并且让人们获得你提供的原始价格以及套装，但是你没有理由不立即添加向上销售服务作为补充。这个方法是你能马上上手操作的最简单、最能赢利的技巧之一。你只需加上一些能够让人们获得升级、更具吸引力的额外好处、附加项即可。

还有一个注意事项就是，你没有理由只使用一种向上销售。你可以在中转页面上列出一个“超值套餐”，在你的定购表格上列出附加项（超大码），并且说些类似“购买了我们的巨无霸、超值套餐的顾客也购买了一个苹果派和一杯巧克力圣代”的话。

1. 多跟顾客交流，挖掘顾客关联性需求，引导顾客连带购买

每当去肯德基和麦当劳，在收银台买单时，收银员总会主动很关切地向顾客询问类似的问题：“加 1 元，可以升级成大杯”或“还要加一份薯条吗？”就单个顾客而言，虽然顾客多付出 1 元或者多买了一份薯条，对肯德基或麦当劳而言获利甚微，但是如果全国各门店累计售出了10亿份，你一定会大吃一惊，他们太会赚钱了。如今，注意到上海餐饮业中的“永和大王”，便利店中的“全家”等也都在效仿肯德基和麦当劳的这种方式，且运用得游刃有余。

这么一句简单的询问，让顾客产生了更多的购买，真是润物细无声。前两天，一位朋友说，她家附近一家化妆品店的店员真会做生意，她最近一次光顾这家店，本来只是想购买一支洗面奶，但当她离开的时候，购物袋里装着的除了洗面奶，另外还有一瓶化妆水、一瓶价值不菲的肌底液和为她先生买的一瓶男士乳液。店员用了什么方法让她改变了购买决定？她说：“其实也没什么特别，那位店员也就是不断跟我聊我的皮肤以及护理的方法，句句都说到我心里去了。当我决定购买洗面奶、化妆水和肌底液时，她问我，‘现在我们店里的男士系列正在做特价，39元的100毫升的男士乳液，现在特价只要9.9元，不想为你老公顺便带1瓶吗？’就这样我又为我老公买了一瓶男士乳液。”听了这个陈述，深深佩服这位店员非凡销售能力的同时，也真正感到店员与顾客的有效交流对增加客单价是多么重要。正在为提升销量大打价格战的终端商朋友们不妨多加强对店员这方面的培训和要求，培养出顾问型店员，一句主动的询问很有可能为你换来一大单生意。

2. 开展价值转换式的超值换购活动，吸引顾客即兴购买

堪称个人护理用品店典范的屈臣氏，常用的提升销量的绝招中，换购活动应该首当其冲。其表现形式一般有“第2件半价”、“加1元多1件”、“加5元，可换购××产品”等。顾客在获得这些优惠信息时，往往会动心，产生冲动购买。

换购活动其本质是商品价值的转换，即B商品的全部价值或大部分价值转换到A商品上去体现，从商家的营销成本来分析还在其可控范围内，归根结底就是“薄利多销”的原理，可以在很短的时间内达成更多的交易。目前国内不少化妆品店已开始重视换购活动的开展，尽管如此，换购活动真正产生很好效果的店并不是很多，可见换购活动在操作的过程中也有一些讲究。为进一步提高换购活动的效果，换购活动的建议如下：

（1）换购活动需遵循需求相关性原则，换购的产品与所销售的产品之间最好存在一些关联性，即顾客在买A商品时，往往也会有购买B商品的需求。如顾客买牙膏，就有可能同时会买牙刷；顾客买身体乳液，就有可能会买沐浴露。如果能遵循需求相关性原则，往往会事半功倍。

（2）换购活动需遵循需求迫切性原则，最好换购的产品是这段时期顾客使用需求量最大的产品。如夏天建议用花露水、洗发水、沐浴露或防晒产品来作为换购的商品；冬天建议拿润体乳或护手霜来作为换购的产品。相反，如果你用作换购的产品与顾客的需求毫无关系，即使换购的金额再低也不会有很好的效果。

（3）换购活动需遵循价格适中原则，一般而言，建议换购产品的价格最好不要大于10元，1～5元是最好的选择。我们在光顾超市时，往往会发现在收银台的地方陈列口香糖或者打火机这类小商品，其道理与此类似。遵循这一原则的前提是，店方需事先测算好成本，确定好适合的门槛，即确保换购品的让利部分能从正常购买的产品总金额中弥补出来。当然，从店里的战略需要出发，也未必换购品亏本的生意就不能做，有时为了打压对手，赚取顾客良好口碑，用略微亏损的、全城独一无二的震撼价，来赢得长久生意。

（4）换购活动需注重换购特惠信息的发布，一般常见的方式是在某个指定购买的产品边上贴一个爆炸花式的POP牌，POP牌上面可以写上“购买本品，加几元可得什么产品”或者“加1元多1件”等信息；在收银区的背柜或者收银台上的POP牌上粘贴换购活动信息的告示，如“购满多少元，另加几元可得到什么产品”。相信换购活动中，化妆品店都会这样操作，但是笔者要强调的是静态换购信息的发布固然重要，更离不开店员或者收银员口头提醒的配合，只有这二者有机结合，才能更好地发挥出换购增量的效应。

3. 开展打包式销售，多买多优惠，促使顾客超前购买

所谓打包式销售，即将顾客在整个护肤或者化妆程序上所需用到的产品打包组合在一起，以低于正常零售价20%～30%的价格，同时另加赠送某产品的方式进行销售，其目的是促进顾客超前购买，以延长顾客再次购买的时间。此法不但对快速提升顾客购买金额很有效，更能避免忠诚度不高的顾客在短期内光顾竞争对手的店。目前常见的方式有，店家自行采购大的PVC袋将店内需要销售的几样在用途上互补的产品组装在一起，制定公布一个优惠的价格，同时推出顾客买该礼包，可额外获得某个赠品的活动。

近年来，在国内化妆品专营店渠道，越来越多的护肤品牌推出了各式各样的超值促销套盒，很受消费者欢迎。可见只要抓住消费者的需求，策划和执行到位，打包式销售不失为短期内快速提高客单价的有效方法。在各品牌大打特惠套盒战的情况下，上海艾菲化妆品有限公司旗下的“艾霏·莱婷”品牌创造性地推出了团购风暴活动，即将产品分别组合成各个不同档位的套装，每个套装中既有产品，又有既实用又十分具有诱惑性的赠品，同时该套装的团购特惠价仅需平时正常零售价几成的价格，而且越是档位高的套装越优惠。据悉，此活动的推出在山东聊城、江苏连云港等城市都创下了单场活动零售额 10 万元以上的业绩。

如何让顾客买得更多，成为连锁成交的有效方法还有很多，在此仅列举出了较为常见的几种方式，希望在门店营销中能够从中获益。